Wer experimentiert, kapiert!

Kerstin Landwehr
Martina Rüter

compact kids

Der Verlag und die Redaktion möchten sich an dieser Stelle ganz herzlich bei den Kindern bedanken, die für die Fotoaufnahmen in diesem Buch geduldig viele Stunden Modell gestanden haben.

Bildnachweis:

www.fotolia.de: JiSIGN (Klemmbrett); contrastwerkstatt 78 u.; vovan 79 o.; Péter Mács 98 u., 144 u.; pink candy 123 o.; Markus Mainka 129 o.

www.pixelio.de: ecko 92 u.

www.shutterstock.com: happydancing 94 o., 144 o.; Torian 123 u.

Sonstige: Urheber: Sensenmann, Lizenz: cc-by-sa 126 u.

compact kids ist ein Imprint der Compact Verlag GmbH

Baierbrunner Straße 27, 81379 München
Ausgabe 2014
2. Auflage

Texte: Kerstin Landwehr, Dipl.-Mineralogin Martina Rüter
Chefredaktion: Dr. Matthias Feldbaum
Redaktion: Elena Bruns, Felicitas Szameit, Susann Harring
Fachredaktion: Volker Wollny
Produktion: Frank Speicher
Abbildungen: Illustrationen: Florian Heubach; Fotos: Heidi Velten, Agentur Kunterbunt, Leutkirch, außer: siehe Bildnachweis oben
Titelabbildungen: Florian Heubach (Professor); www.shutterstock.com: dedMazay (Chemielabor); www.fotolia.de: javarman (Hintergrund)
Gestaltung: ekh Werbeagentur GbR
Umschlaggestaltung: ekh Werbeagentur GbR

ISBN 978-3-8174-9251-0
381749251/2

www.compactverlag.de

Liebe Forscherin, lieber Forscher,

lasse dich in die fesselnde Welt der Naturwissenschaften entführen! Koche dir eine Kartoffel ohne Herd, beobachte den mysteriösen Münzendiebstahl, färbe bunte Blumen und mische dein eigenes Lavendelwasser. Über 60 Experimente führen dir die faszinierenden Phänomene von Biologie, Chemie und Physik vor. Du kannst sie mit einem Freund oder einer Freundin entdecken, mit deinen Eltern oder Großeltern, aber auch ganz leicht allein.

Zu jedem Experiment findest du genaue Schritt-für-Schritt-Anleitungen mit Fotos, die dir zeigen, was du tun musst, damit dein Versuch gelingt. Nach dem Experiment erklärt dir Professor Pfiffig, was dahintersteckt. So erfährst du ganz viel über Pflanzen, Elemente, Wetterphänomene, Luft- und Wasserdruck und vieles mehr.

Die Zutaten, die du für die Experimente benötigst, sind ganz alltägliche Dinge, die ihr bestimmt zu Hause habt. Falls du keinen Dosenlocher besitzt, den du für einige Experimente brauchst, kannst du auch mit einem Hammer und einem Nagel vorsichtig ein Loch in eine Dose schlagen. Und falls du keinen Wasserkocher hast, nimmst du einfach einen Topf zum Erhitzen des Wassers.

Obwohl die Experimente völlig ungefährlich sind, solltest du dir manchmal von einem Erwachsenen helfen lassen, zum Beispiel wenn du kochende Milch oder heißes Wasser benötigst.

Da Experimentieren und Erleben mit allen Sinnen funktionieren, sind die Versuche diesen zugeordnet. Jedes Experiment ist mit einem Symbol gekennzeichnet:

 für Beobachten, 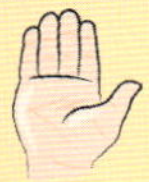 für Fühlen, 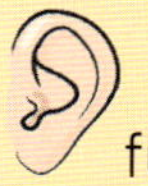 für Hören,  für Schmecken und  für Riechen

Professor Pfiffig zeigt dir außerdem oben auf jeder Seite den Schwierigkeitsgrad jedes Experiments:

 leichtes Experiment

 etwas schwierigeres Experiment

 schwieriges Experiment für Experten

Und wenn du mal einen Begriff nicht kennst, kannst du schnell im Glossar am Ende des Buches nachschlagen.

Trotzdem kann es sein, dass dir einige Versuche nicht auf Anhieb gelingen. Das kann an den Materialien liegen, die du benutzt. Manchmal muss man von einer Zutat etwas mehr oder weniger nehmen – das findest du heraus. Denn auch das Ausprobieren gehört zum Experimentieren dazu. Lasse dich davon nicht entmutigen, sondern versuche es weiter.

Nun viel Spaß beim Tüfteln, Versuchen und Experimentieren!

INHALTSVERZEICHNIS

Beobachten

Fühlen

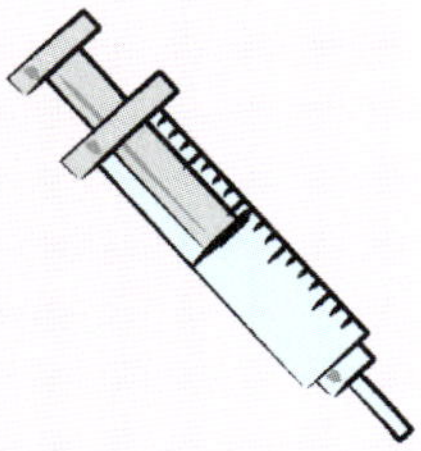

Hören

Schmecken

Riechen

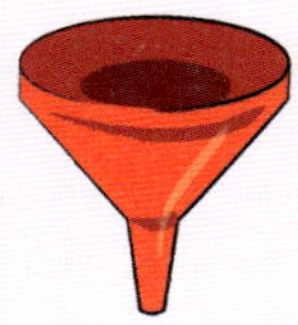

Blumenzauber

Pflückst du auch manchmal Blumen für deine Mutter oder für deine Oma? Herrlich, so duftende Margeriten oder Kamillenblüten! Du kannst der Natur sogar ein wenig nachhelfen und einen bunten Strauß aus den weißen Blüten zaubern.

Das brauchst du

3 weiße Blumen (Margeriten oder Kamillen)

Lebensmittelfarbe in Gelb, Rot und Blau

3 hohe Gläser Wasser

Dazu kannst du diesen Versuch machen

1. Nimm die drei weißen Blumen, die du gepflückt hast, und stelle sie in drei hohe Gläser.
2. Fülle die Gläser mit Wasser und löse in einem Glas die rote Farbe, in dem zweiten Glas die blaue Farbe und in dem letzten Glas die gelbe Lebensmittelfarbe auf.

3. Jetzt musst du dich leider etwas gedulden. Am besten bis zum nächsten Tag! Das Ergebnis ist aber dann umso schöner. Dem selbst gemachten bunten Strauß steht nichts mehr im Wege!

Was ist passiert?

Die Blüten nehmen das Wasser durch den Blumenstängel auf und transportieren es bis zu den Blüten und Blättern. Normalerweise ist das klares Wasser oder in der Natur Regenwasser. Da die Blume ständig neues Wasser benötigt, um am Leben zu bleiben, saugt sie auch dein eingefärbtes Wasser auf und transportiert es bis zu den Blüten.

Das brauchst du

1 Teller

1 dicke Folie
(Windradfolie aus dem Bastelgeschäft)

1 Woll- oder Mikrofasertuch

Papierschnipsel
(zum Beispiel ausgestanzte Kreise aus einem Locher)

Tanz der Geisterschnipsel

Hast du schon einmal beim Ausziehen eines Pullovers ein Knistern gehört oder gar gespürt? Es fühlt sich an wie ein kleiner elektrischer Funke, der vom geladenen Gegenstand auf dich überspringt. Mit derselben Kraft kannst du Papierschnipsel zum Tanzen bringen.

Dazu kannst du diesen Versuch machen

1. Fülle die Papierschnipsel aus dem Locher in den Teller.
2. Decke den Teller mit der Folie ab.

3. Reibe nun mit dem Woll- oder Mikrofasertuch über die Folie.
4. Die Papierschnipsel bewegen sich, als ob sie zu einer Musik tanzen würden, und springen – wie von Geisterhand – an die Folie, wo sie haften bleiben.

Was ist passiert?

Du hast die Folie durch das Reiben aufgeladen oder elektrisiert. Die Folie zieht nun kleine, leichte Gegenstände wie die Papierschnipsel an. Durch die Hin- und Herbewegung des Tuches auf der Folienoberseite springen auch die elektrischen Ladungen unterhalb der Folie blitzartig auf die Papierschnipsel über.

Das brauchst du

1 hohes Glas

1 Blatt Papier

1 Schüssel Wasser

Taucherglocke

In den Tiefen der Ozeane gibt es neben Riesenkraken und Laternenfischen auch noch allerlei andere unheimliche Tiefseebewohner zu entdecken. Aber wie kommt ein Mensch dorthin? Eine Möglichkeit ist ein U-Boot. Eine andere Möglichkeit zu tauchen, ist die Taucherglocke. Mit ihr kann man allerdings nicht so tief und auch nicht so lange wie mit einem U-Boot tauchen.

Dazu kannst du diesen Versuch machen

1. Zuerst zerknüllst du das Papier zwischen deinen Händen und dann stopfst du es schön tief in das Glas hinein.

2. Fülle nun eine Schüssel mit Wasser. Drehe jetzt das Glas um. Hoffentlich hast du das Papier gut fest gestopft, sonst fällt es heraus.

3. Halte dann das Glas gerade und tauche es genauso gerade und umgedreht in die Wasserschüssel ein. Es darf ruhig bis zur Hälfte unter Wasser sein.
4. Dann ziehe das Glas gerade wieder aus dem Wasser heraus.
5. Man glaubt es kaum, aber das Papier ist trocken geblieben!

Was ist passiert?

In deinem Glas steckt nicht bloß das Papier, sondern da ist auch Luft drin. Tauchst du das Glas gerade ins Wasser, kann die Luft nicht aus dem Glas entweichen. Die Taucherglocken funktionieren nach dem gleichen Prinzip. Allerdings kann ein Taucher in solch einer Glocke nicht lange unter Wasser bleiben, da der Sauerstoff zum Atmen bald aufgebraucht ist.

Das brauchst du

1 großen Flummi

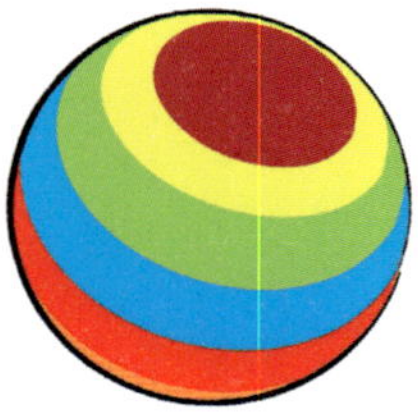

1 Tischtennisball

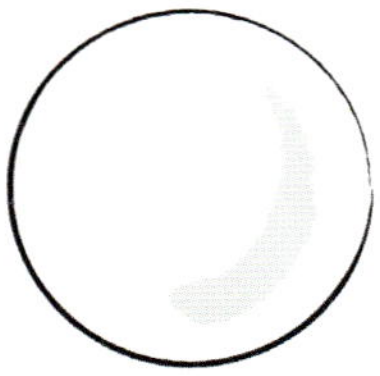

Doppelseitiges Klebeband

Crashtest-Dummy

Bestimmt möchtest du nicht in der Haut eines Crashtest-Dummys stecken. Diese lebensgroßen Puppen, mit denen die Auswirkungen von Verkehrsunfällen getestet werden, müssen so einiges über sich ergehen lassen. Besonders schlimm sind die Folgen, wenn ein Lastwagen mit einem normalen Auto zusammenstößt.

Dazu kannst du diesen Versuch machen

1. Strecke deinen Arm aus und lasse zuerst den Flummi aus deiner Hand auf den Boden fallen.
2. Lasse anschließend den Tischtennisball aus gleicher Höhe zu Boden fallen.

3. Befestige nun den Tischtennisball mithilfe des doppelseitigen Klebebandes auf dem Flummi.
4. Strecke deinen Arm aus und lasse den Doppelball mit dem Flummi nach unten auf den Boden fallen.
5. Es fallen nun beide Bälle gemeinsam zu Boden. Der Flummi springt nur leicht zurück. Der Tischtennisball jedoch löst sich von seinem Partner und fliegt weit weg.

Was ist passiert?

Beide Bälle fallen gleich schnell zu Boden. Der große Flummi landet zuerst und springt zurück. Dabei trifft er auf den Tischtennisball, der sich noch nach unten in Richtung Boden bewegt. Bei dem Zusammenstoß gibt der Flummi seine Energie an den Tischtennisball ab. Deshalb schießt dieser weit höher zurück, als seine ursprüngliche Fallhöhe war. Einem Auto ergeht es bei einem Zusammenstoß mit einem Lastwagen nicht viel anders.

Das brauchst du

1 Plastikbecher

Wasser

Schwerelosigkeit

Diesen Versuch machst du lieber draußen, sonst gibt es nasse Fußböden und dann bekommst du noch Ärger. Also, ab in den Garten oder auf den Spielplatz! Schwerelosigkeit ist ja schließlich keine Entschuldigung für Wasserpfützen im ganzen Haus.

Dazu kannst du diesen Versuch machen

1. Stich am unteren Rand deines Plastikbechers zwei sich gegenüberliegende Löcher in die Seite.
2. Nun fülle den Becher mit Wasser. Die Löcher hältst du dabei mit den Fingern zu.
3. Wenn du die Finger von den Löchern wegnimmst, läuft das Wasser heraus. Oh toll, denkst du jetzt, das war dir auch vorher schon klar! Aber das ist ja noch nicht alles!

4. Lasse nun den Plastikbecher aus Kopfhöhe – oder vielleicht sogar noch höher – fallen. Nun läuft kein Wasser aus dem Becher heraus!

Was ist passiert?

Auf alle Dinge wirkt Schwerkraft, das heißt, die Erde zieht die Dinge an, und zwar mit der gleichen Beschleunigung. Das bedeutet, unser Wasser fällt genauso schnell wie der Becher zu Boden. Dadurch kann es nicht mehr herauslaufen. Andernfalls wäre das Wasser ja schneller als der Becher und das ist unmöglich.

Das brauchst du

8 gleich große Murmeln

2 gleich lange Lineale

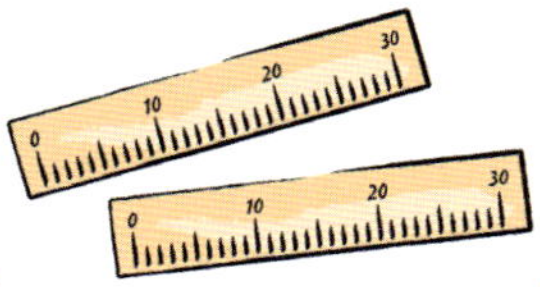

1 Radiergummi

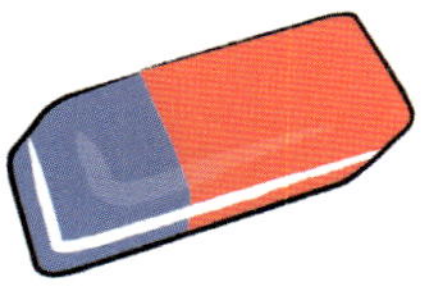

Klebeband

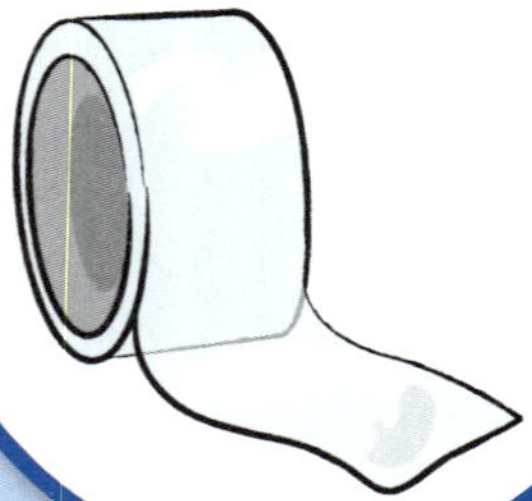

Boccia

Beim Boccia muss jeder Spieler seine faustgroßen Kugeln möglichst nah an eine tischtennisballgroße Zielkugel werfen oder die gegnerischen Kugeln vom Zielball wegschießen. Den physikalischen Hintergrund dieser Sportart machst du dir mit diesem einfachen Murmel-Versuch klar.

Dazu kannst du diesen Versuch machen

1. Lege die beiden gleich langen Lineale parallel nebeneinander.
2. Positioniere die acht Murmeln in einer Reihe zwischen den Linealen.

3. Schiebe die Lineale von beiden Seiten dicht an die Murmellinie heran, sodass du eine gerade Bahn erhältst, in der die Murmeln hin- und herrollen können. Versperre an einem Ende die Öffnung zwischen den beiden Linealen mit dem Radiergummi, damit deine Murmeln nicht vom Tisch rollen.
4. Nimm an dem Ende ohne Radiergummi die vorderste Murmel ein Stück zurück und gib ihr einen leichten Stoß, sodass sie auf die Murmelreihe aufprallt. Die Murmel am anderen Ende der Murmelreihe wird in Richtung Radiergummi weggestoßen. Die sechs Murmeln dazwischen bewegen sich (fast) nicht.

Was ist passiert?

Indem du der Kugel einen Stoß versetzt, bringst du Energie auf. Diese Stoßenergie wird von einer Murmel auf die nächste bis zur letzten übertragen. Diese kann die Energie nicht weitergeben. Deshalb wird sie in Bewegung versetzt. Beim Boccia läuft es ebenso ab. Die Stoßkugel bleibt liegen, während sich die getroffene Kugel bewegt.

Streichholz-Feinschmecker

Das brauchst du

1 Streichholz

1 Schüssel

1 Stück Würfelzucker

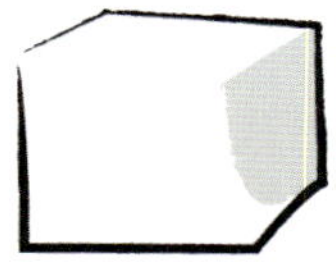

Wasser

1 Bindfaden

Jetzt fragst du dich wahrscheinlich, was um alles in der Welt ein Feinschmecker mit einem Streichholz zu tun haben soll, oder? Na, ganz klar, es gibt auch Streichhölzer, die so richtige Gourmets sind und gerne naschen.

Dazu kannst du diesen Versuch machen

1. Fülle eine Schüssel mit Wasser.
2. Lasse dein Feinschmeckerstreichholz in der Mitte der Schüssel schwimmen.
3. Jetzt nimmst du ein Stückchen Würfelzucker und bindest den Faden daran fest.

4. Lege den Würfelzucker ein kleines Stückchen vom Streichholz entfernt auf die Wasseroberfläche. Halte ihn dabei am Bindfaden fest, sonst ertrinkt er! Ah, der Streichholzgourmet hat Witterung aufgenommen, er hat den Köder gesichtet und richtig, er ist so verfressen, wie du vermutet hast. Kopfüber stürzt sich das Streichholz auf den Zucker.

Was ist passiert?

Der Zucker löst sich im Wasser auf. Da aber die Zuckerlösung schwerer ist als Wasser, versinkt sie. Das Wasser gerät in Bewegung. Dort, wo vorher die Zuckerlösung war, ist jetzt Platz für neues Wasser. Das Wasser in deiner Schüssel drängt nach und nimmt das Streichholz einfach mit.

Kupfermantel

Das brauchst du

1 Glasschälchen

1 angelaufenes 5-Cent-Stück

1 silberne Büroklammer

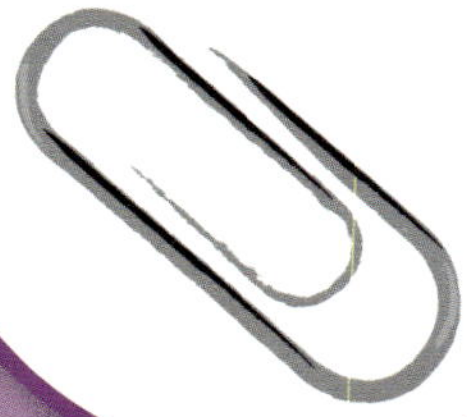

Haushalts-essig (5 Prozent)

Häufig besteht Schmuck aus einem billigen Metall, das lediglich mit einer Schicht aus Gold oder Silber überzogen wurde. Man spricht dann von Vergolden oder Versilbern. Beim Verkupfern erhält ein Metall eine dünne Kupferschicht. Auch du kannst eine Büroklammer in einen kupfernen Mantel hüllen!

Dazu kannst du diesen Versuch machen

1. Lege das 5-Cent-Stück und die Büroklammer in das Glasschälchen. Achte darauf, dass sich die Münze und die Büroklammer nicht berühren.

2. Schütte so viel Essig in das Glasschälchen, dass die Münze und die Büroklammer vollständig bedeckt sind.

3. Warte nun einen Tag und schau dann nach, was geschehen ist: Bereits nach kurzer Zeit glänzt die Münze wie neu. Nach 24 Stunden hat die Büroklammer einen rötlichen Überzug.

Was ist passiert?

Das 5-Cent-Stück besteht aus Kupfer, die Büroklammer aus Eisen. Kupfer ist edler als Eisen. Die Essigsäure greift das Kupfer des 5-Cent-Stücks an und löst Kupferteilchen aus der Münze. Die Kupferteilchen befinden sich nun im Essig und wandern zum unedleren Eisen der Büroklammer. Dort lagern sie sich an der Oberfläche ab.

Das brauchst du

Verschiedene Filzstifte

Löschpapier

1 Schälchen Wasser

Farbmagie

Sind sie rot oder sind sie nicht rot, das ist hier die Frage. Du wirst dich wundern, wovon hier wohl die Rede ist. Na, von den Farben in deinem Filzstift! Du glaubst, dies sei eine ganz seltsame Frage? Blau ist Blau und Grün ist Grün? Weit gefehlt!

Dazu kannst du diesen Versuch machen

1. Male zuerst mit den Filzstiften eine Reihe dicker Punkte auf ein Löschpapier.

2. Fülle dann das Schälchen mit etwas Wasser.

3. Anschließend tauchst du den Rand des Papiers vorsichtig ins Wasser. Die Farbtupfen sollen dabei gerade noch über der Wasseroberfläche bleiben. Und jetzt? Ist Blau nun wirklich Blau? Wenn alles gut geht, kommt gleich eine bunte Blume zum Vorschein.

Was ist passiert?

Das Wasser wird vom Löschpapier aufgesaugt und wandert zu den Filzstiftpunkten und weiter. Die einzelnen Bestandteile der Farben werden dabei unterschiedlich schnell vom Wasser transportiert. Jede Farbe bildet einen Streifen auf dem Löschpapier. Wenn du das getrocknete Papier betrachtest, wirst du sehen, dass Blau nicht immer Blau ist.

Das brauchst du

1 Rolle Frischhaltefolie

1 Glasschüssel

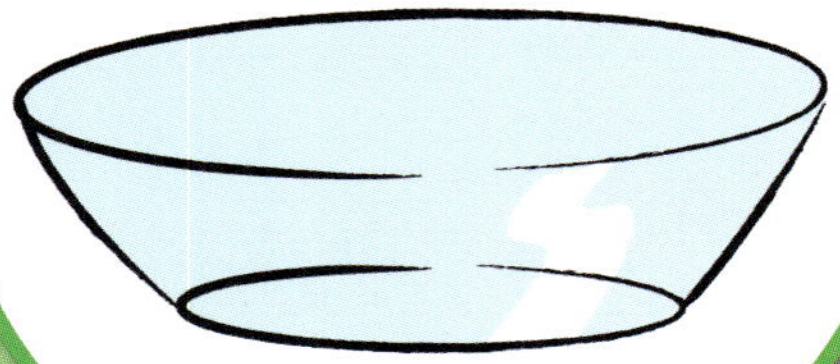

1 Plastikschüssel

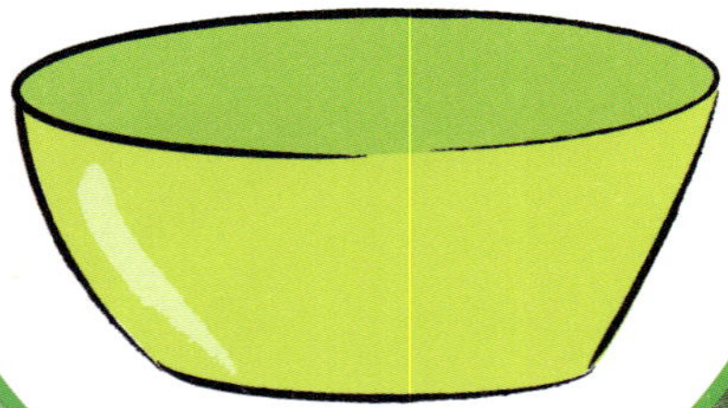

Klebefolie

Frischhaltefolie ist ja ganz nützlich, doch sie haftet ständig an sich selbst. Es ist gar nicht so einfach, ein Stück Frischhaltefolie von der Rolle zu reißen und glatt über eine Schüssel zu streifen. Und sie hält auch nicht an allen Materialien gleich gut.

Dazu kannst du diesen Versuch machen

1. Reiße ein Stück Frischhaltefolie von der Rolle und stülpe es über die Glasschüssel.
2. Reiße nun ein zweites Stück Frischhaltefolie von der Rolle und stülpe es über die Plastikschüssel.

3. Die Frischhaltefolie klebt an der Glasschüssel fest. An der Plastikschüssel lässt sie sich nicht so gut befestigen. Dort rutscht sie immer wieder ab.

Was ist passiert?

Die Oberfläche der Frischhaltefolie ist sehr glatt. Je glatter sie ist, desto besser kann sie sich an einen anderen Gegenstand anschmiegen. Am besten kann die Folie an Gegenständen haften, die ebenfalls eine sehr glatte Oberfläche haben, wie etwa die Glasschüssel. Die Haftkraft ergibt sich aus der Anziehungskraft der Teilchen, aus denen die Folie und die Schüssel bestehen.

Das brauchst du

1 frisches Ei

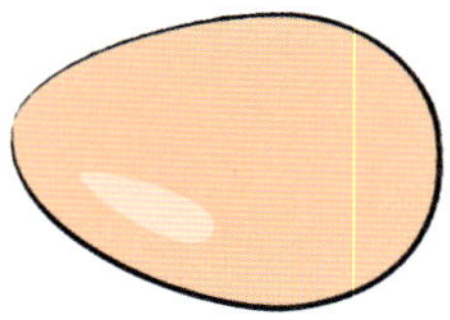

1 älteres Ei

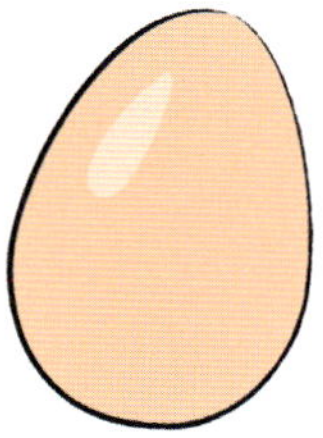

1 durchsichtigen Messbecher

Wasser

Faules Ei

Falls du irgendwann einmal an einem faulen Ei geschnuppert hast, wirst du diesen Geruch bestimmt nicht so schnell wieder vergessen. Er ist einfach furchtbar! Mit einem kleinen Trick kannst du aber so ein faules Ei sofort erkennen, bevor du es aufschlägst.

Dazu kannst du diesen Versuch machen

1. Fülle deinen Messbecher gut zur Hälfte mit Wasser.
2. Lege das erste Ei nun vorsichtig ins Wasser. Lege dann das zweite Ei hinein.
3. Und nun beobachte, wie sich deine Eier im Wasser verhalten.

4. Ist das Ei frisch, liegt es waagerecht auf dem Boden. Wenn das Ei schräg im Wasser steht, ist es schon etwas älter. Steht das Ei sogar gerade auf dem Boden, dann ist es älter als 30 Tage. Falls das Ei schwimmt, wirf es ganz schnell weg, dann ist es innen faul!

Was ist passiert?

Je höher das Ei schwimmt, desto älter ist es. Dies kommt daher, dass in der Eierschale viele kleine Poren sind. Durch diese Poren dringt ständig Luft in das Ei ein. Je mehr Luft also schon durch die Schale eingedrungen ist, desto älter ist das Ei. Durch die Luft bekommt das Ei Auftrieb. Je mehr Luft in dem Ei steckt, umso höher schwimmt es im Messbecher.

Sommerhitze

Das brauchst du

2 weiße Plastikbecher

2 Thermometer

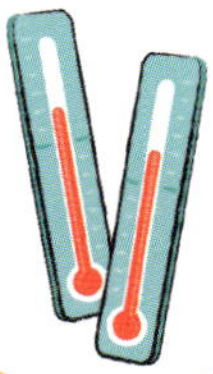

Schwarzes Klebeband

1 Stück weiße Pappe

1 Stück schwarze Pappe

Durchsichtiges Klebeband

1 Bleistift

1 Schere

Wasser

Sicher hast du an einem richtig heißen Tag im Sommer schon einmal etwas Dunkles angehabt, in dem dir so richtig heiß geworden ist. Das hatte mit der Farbe deiner Kleidung zu tun. Das folgende Experiment beweist, dass sich dunkle Gegenstände stärker erhitzen als helle.

Dazu kannst du diesen Versuch machen

1. Beklebe einen der Becher rundherum mit schwarzem Klebeband.
2. Stelle dann einen Becher mit der Öffnung nach unten auf die weiße und den anderen auf die schwarze Pappe und zeichne um die Öffnung je einen Kreis. Schneide mit der Schere die Kreise aus.
3. Mache ein Loch in die Mitte der Pappkreise und stecke je ein Thermometer hindurch.

4. Fülle beide Plastikbecher gleich hoch mit kaltem Wasser.
5. Befestige die Pappdeckel mit den Thermometern mithilfe von Klebeband auf den Bechern. Den weißen Deckel klebst du auf den weißen Becher und den schwarzen Deckel auf den schwarzen Becher. Die Thermometer müssen in das Wasser hinein ragen.
6. Stelle beide Becher in die pralle Mittagssonne und notiere alle 15 Minuten die Temperaturen auf den Thermometern. Nach einer Weile ist die Temperatur im schwarzen Becher deutlich höher als die im weißen Becher.

Was ist passiert?

Dunkle Materialien nehmen die Wärme der Sonnenstrahlen auf, während helle Stoffe die Sonnenstrahlen stärker reflektieren, also zurückwerfen. Während der weiße Becher die warmen Sonnenstrahlen zurückwirft, nimmt der schwarze die Wärme auf. Man sagt, er absorbiert die Wärme.

Das brauchst du

½ Teelöffel Salz

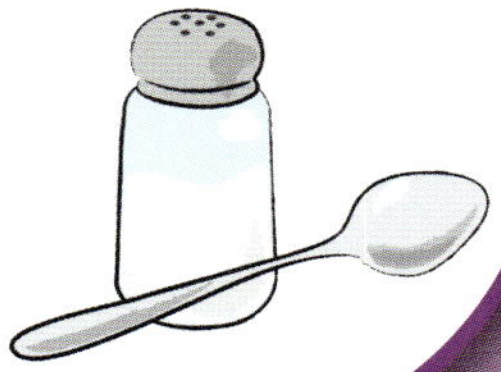

½ Teelöffel Pfefferpulver

1 Untertasse

1 Plastiklöffel

1 Wollschal

Pfeffer-Salz-Mix

Ein Zaubertrick der Extraklasse! Wenn Aschenputtel den gekannt hätte! Sie hätte nicht so lange Linsen sortiert, oder? Vielleicht klappt der Trick aber auch nicht mit Linsen? Nein, tut er leider nicht. Aber mit dem Pfeffer-Salz-Mix klappt es großartig.

Dazu kannst du diesen Versuch machen

1. Mische das Salz und das Pfefferpulver auf einer Untertasse.
2. Nun versuche, die beiden Bestandteile wieder voneinander zu trennen. Stopp! Du brauchst jetzt nicht jedes kleine Krümelchen herauszusuchen. Da gibt es einen viel besseren Trick!

3. Reibe den Plastiklöffel an dem Wollschal. Zähle dabei langsam bis 30, dann ist es genug.
4. Nun halte den Plastiklöffel über den Pfeffer-Salz-Mix. Senke ihn ganz langsam auf die Untertasse herab und ehe du dich versiehst, klebt der Pfeffer am Löffel.

Was ist passiert?

Durch das Reiben an dem Wollschal wird der Löffel aufgeladen. Der Löffel hat nun eine negative Ladung. Der Pfeffer und das Salz dagegen sind positiv geladen und werden so vom Löffel angezogen. Denn negative und positive Ladungen ziehen sich an. Da das Pfefferpulver leichter ist als das Salz, klebt es zuerst am Löffel.

Das brauchst du

Lebens-
mittelfarben

2 Stücke
Würfelzucker

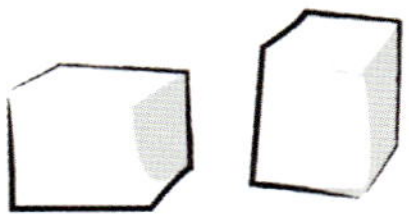

1 weißen Teller

1 Tropfpipette

Wasser

Zuckerlösung

Das folgende Experiment zeigt dir, wie sich Zucker in Wasser löst. Normalerweise sieht man das nicht, da sich Zucker in nicht zu großen Mengen völlig in Flüssigkeiten wie zum Beispiel Tee, Kaffee oder Wasser auflöst und dabei farblos ist.

Dazu kannst du diesen Versuch machen

1. Bedecke den Teller mit einer Wasserschicht.
2. Färbe zwei Zuckerwürfel mit unterschiedlichen Farben. Tropfe noch etwas Wasser auf die Zuckerwürfel, damit sich die Farbe besser auf den Würfeln verteilt.

3. Lege die Zuckerwürfel im Abstand von etwa zwei Zentimetern in den Teller mit Wasser und beobachte, was passiert.
4. Der Zucker löst sich auf und verteilt sich auf dem Teller, die Farben verlaufen. Zwischen den verlaufenden Farben bildet sich zunächst eine scharfe Grenzlinie. Lässt du den Teller einige Zeit stehen, dann vermischen sich die beiden Farben vollständig.

Was ist passiert?

Der Zucker löst sich im Wasser auf und verteilt sich. Da in der Natur immer eine gleichmäßige Verteilung der Teilchen angestrebt wird, wandern die Zuckerteilchen auseinander, bis das Wasser an allen Stellen gleich süß ist. Wenn die Zuckerteilchen beider Würfel aufeinanderstoßen, kommt die Wanderung zum Stillstand, da etwa gleich hohe Konzentrationen aufeinandertreffen. Mit der Zeit vermischen sich beide Farben jedoch vollständig.

Das brauchst du

1 Maßband

1 Heft
oder Zettel

1 Bleistift

Baum

Baumalter

Bäume können ganz schön alt werden. In deiner Umgebung kannst du Bäume finden, die über 100 Jahre alt sind. Aber weißt du, woran du das Alter eines Baumes erkennst? Na klar, wirst du sagen, einfach die Ringe abzählen! Aber was, wenn der Baum noch nicht gefällt ist?

Dazu kannst du diesen Versuch machen

1 Suche dir einen schönen, frei stehenden Baum aus, von dem du gerne das Alter erfahren möchtest.

2 Nimm ein Maßband, lege es um den Stamm des Baumes und miss den Umfang. Lies dein Ergebnis ab und schreibe es auf. Hast du beispielsweise 150 Zentimeter gemessen, musst du dieses Ergebnis nun durch fünf teilen. 150 : 5 = 30. Die 30 musst du dann nur noch verdoppeln, also 30 x 2 = 60. Und schon hast du das Alter des Baumes herausgefunden.

Was ist passiert?

Man kann davon ausgehen, dass der Umfang eines Baumes im Jahr um ungefähr 2 ½ Zentimeter wächst. In 60 Jahren erreicht der Baum unter optimalen Bedingungen also einen Umfang von ungefähr 150 Zentimetern. Unser Experiment setzt natürlich immer gute und gleichbleibende Verhältnisse voraus.

Wasserkarussell

Das brauchst du

1 leere Plastikflasche

1 Stück Paketschnur, 20 bis 30 Zentimeter lang

1 Dosenlocher

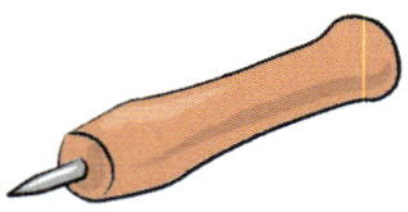

2 Strohhalme mit Knick

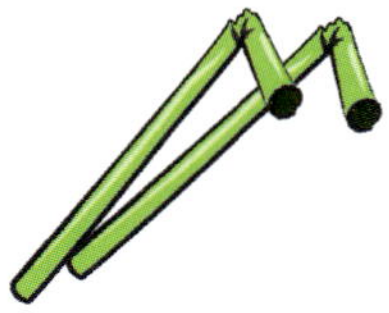

1 Schere

1 Eimer oder große Schüssel

Wasser

Bist du schon einmal auf der Kirmes oder in einem Freizeitpark mit einem Kettenkarussell gefahren? Dabei geht es immer im Kreis herum und die an Ketten hängenden Sitze werden weit nach außen geschleudert. Auch Wasser kann ein Karussell antreiben. Am besten, du führst diesen Versuch über der Badewanne oder im Freien aus.

Dazu kannst du diesen Versuch machen

1. Befestige die Schnur am Flaschenhals. Knote sie gut fest!
2. Bohre mit dem Dosenlocher ein Stück über dem Flaschenboden zwei Löcher, die sich gegenüberliegen.
3. Kürze mit der Schere die beiden Strohhalme, bis der Knick jeweils die Mitte der Halme bildet.

4. Stecke nun die beiden Strohhalme in die Löcher der Flasche. Knicke den einen Halm nach vorne, den anderen nach hinten.
5. Fülle den Eimer jetzt mit Wasser. Tauche die Flasche hinein und fülle sie mit Wasser.
6. Ziehe die Flasche an dem Band aus dem Eimer heraus.
7. Das Wasser läuft durch die beiden Strohhalme aus der Flasche heraus.

Dabei beginnt sich die Flasche zu drehen und zwar entgegen der Richtung, in die die abgeknickten Strohhalme zeigen.

Was ist passiert?

Du siehst an diesem Versuch, dass Wasser Kraft hat. Durch das Gewicht der Wassersäule in der Flasche herrscht Druck, weswegen das Wasser durch die beiden Löcher spritzt. Die Rückstoßkraft des ausströmenden Wassers versetzt die Flasche dann in eine Drehung, die sich mit nachlassendem Druck reduziert.

Das brauchst du

Verschiedene Blätter

1 Malblock

1 Wachsmalstift

Blättercollage

Genau wie du sind auch Pflanzen von Adern durchzogen. Wir haben große und kleine, dicke und dünne, die der Blätter aber sind ganz dünn und fein. Wenn du ein paar Blätter sammelst, kannst du die Adern in einem leichten Versuch sehr gut sichtbar machen.

Dazu kannst du diesen Versuch machen

1. Wenn du mit deinen Eltern einen Spaziergang im Park oder Wald machst, dann sammle am besten ein paar schöne Blätter für diesen Versuch.

2. Nimm zu Hause ein Blatt Papier von deinem Malblock und lege es über eines der Blätter. Streiche dann mit dem Wachsmalstift vorsichtig über das Papier.

3. Mit jedem Strich, den du machst, werden die Adern besser sichtbar. Du kannst das ganze Baumblatt auf dein Papierblatt abpausen. Du kannst auch eine richtige Blattcollage machen, indem du viele Blätter in unterschiedlichen Farben abmalst. So entstehen ganz tolle Bilder!

Was ist passiert?

Die Adern im Blatt dienen zur Versorgung mit Nährstoffen, genau wie die Adern des Menschen. Der Baum produziert seine Nahrung selbst. Man nennt sie Pflanzensaft. Die Wurzeln speichern ihn und durch das Transportsystem der Adern gelangt er überall hin, wo er benötigt wird!

Wasser-schutzschicht

Der menschliche Körper ist von Haut umgeben. Die Haut hält die Knochen, Muskeln, das Blut und unsere Organe zusammen und schützt sie. Beim Wasser ist das ganz ähnlich. Es ist ebenfalls von einer Haut überzogen.

Das brauchst du

1 Schüssel

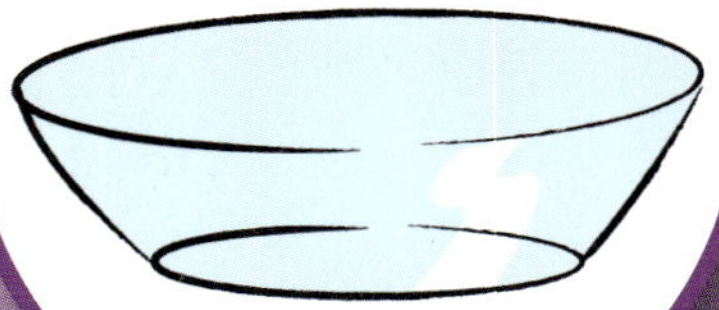

1 Nähnadel

1 Büroklammer

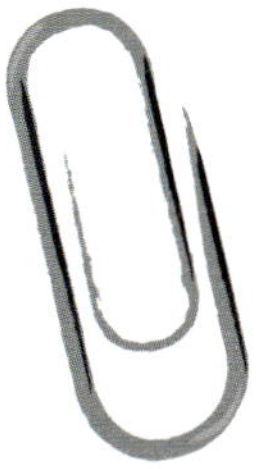

Wasser

Dazu kannst du diesen Versuch machen

1. Fülle eine Schüssel zur Hälfte mit Leitungswasser und stelle sie auf einen Tisch.
2. Jetzt brauchst du viel Fingerspitzengefühl. Lege sehr, sehr vorsichtig die Nähnadel und die Büroklammer auf das Wasser. Beide Gegenstände bestehen zwar aus Eisen, aber das Ergebnis ist verblüffend.

3. Da Eisen etwa achtmal so schwer wie Wasser ist, müssten die Gegenstände in der Schüssel versinken! Aber sie schwimmen auf der Haut des Wassers.

Was ist passiert?

Die ganz kleinen Teilchen des Wassers wollen zusammenbleiben und halten deswegen viel fester zusammen als die Teilchen in der Luft. So bildet das Wasser eine Haut und deine Gegenstände gehen nicht unter. Das nennt man die Oberflächenspannung des Wassers. Dank ihr können mehrere Regentropfen zusammen einen großen bilden.

Münzendiebstahl

Das brauchst du

1 Münze

1 leeres Marmeladenglas mit Deckel

1 Messbecher

1 Blatt weißes Papier

Wasser

Diebstahl! Eben war da noch eine Münze und schwups, weg ist sie. Wer ist der Dieb und vor allem, wie hat er die Tat begangen? Die Verdächtigen sind ein Marmeladenglas, ein Blatt Papier und ein verschlagen blickender Messbecher. Oder warst es gar du?

Dazu kannst du diesen Versuch machen

1. Nimm eine Münze und lege sie in die Mitte des weißen Blatt Papiers.
2. Stelle dann das leere Marmeladenglas auf die Münze und schaue seitlich durch das Glas. Kannst du die Münze noch sehen? Klar kannst du!

3. Jetzt fülle mithilfe des Messbechers Wasser in das Glas. Dann schraube den Deckel auf das Glas und schaue noch mal seitlich hindurch.
4. Raubüberfall! Die Münze wurde gestohlen. Wo steckt der Dieb?
5. Wenn du den Deckel allerdings wieder abschraubst und von oben durch das Glas blickst, wirst du die Münze wieder entdecken.

Was ist passiert?

Durch das leere Marmeladenglas können die Lichtstrahlen direkt auf die Münze fallen. Von der Münze werden sie reflektiert und du kannst sie sehen. Das Wasser im Glas verhindert dagegen, dass die reflektierten Lichtstrahlen das Glas durchdringen. Der Glasboden spiegelt sie zurück. Daher sieht es so aus, als sei die Münze verschwunden. Das nennt man Totalreflexion.

Stockwerke

Welche Gegenstände in Wasser schwimmen oder hinabsinken, kannst du bestimmt leicht beantworten. Aber wie verhalten sich unterschiedliche Gegenstände in anderen Flüssigkeiten, wie Honig oder Öl?

Das brauchst du

- 1 Glas Honig

- 1 Glas

- Wasser

- Speiseöl

- Lebensmittelfarbe

- Verschiedene kleine Gegenstände aus unterschiedlichen Materialien (zum Beispiel 1 kleinen Nagel, 1 Stück Kreide, 1 Haselnuss, 1 kleine Muschel, 1 kleinen Stein, 1 Streichholz)

Dazu kannst du diesen Versuch machen

1. Fülle das Glas etwa zwei Zentimeter hoch mit Honig.
2. Mische etwas Lebensmittelfarbe mit dem Wasser.
3. Gieße das gefärbte Wasser vorsichtig auf den Honig, sodass eine zweite Schicht entsteht, die ebenfalls etwa zwei Zentimeter hoch ist.

4. Als dritte Flüssigkeit kommt das Speiseöl oben auf das gefärbte Wasser. Die drei Flüssigkeiten vermischen sich nicht, sondern bilden drei Schichten im Glas.
5. Gib nun nacheinander vorsichtig verschiedene Gegenstände aus unterschiedlichen Materialien in das Glas.
6. Einige sinken bis ganz zum Grund, zum Beispiel der Stein, die Muschel und der Nagel. Die Kreide schwimmt auf der Honigschicht, die Haselnuss auf der gefärbten Wasserschicht und das Streichholz ganz oben auf der Ölschicht.

Was ist passiert?

Die drei Flüssigkeiten besitzen jeweils eine andere Dichte. Der Honig ist am schwersten und bildet deshalb die unterste Schicht. Etwas leichter als Honig ist Wasser. Es schwimmt auf dem Honig. Die geringste Dichte hat das Speiseöl, sodass es die oberste Schicht bildet. Die verschiedenen Gegenstände, die du in das Glas gibst, besitzen ebenfalls eine bestimmte Dichte, nach der sie sich im Glas anordnen.

Das brauchst du

1 runde Schüssel mit flachem Boden

Alufolie

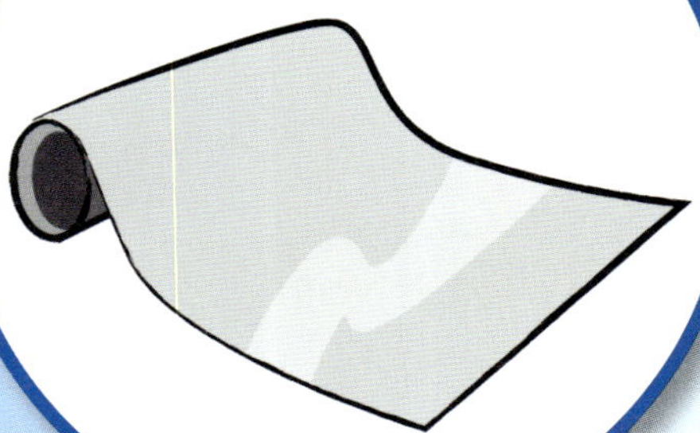

1 kleine Kartoffel

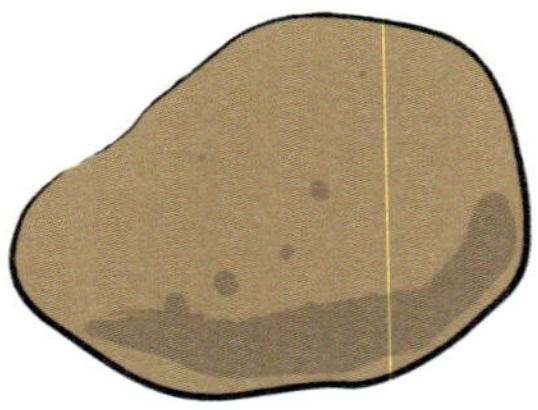

Solar

In vielen Gegenden der Erde nutzen die Menschen die Energie der Sonne. Denn mit der Sonnenenergie lässt sich Strom erzeugen, der dann zum Kochen, Heizen oder für elektrisches Licht benutzt wird. Diese Art der Energiegewinnung ist besonders umweltfreundlich. Versuche es selbst!

Dazu kannst du diesen Versuch machen

Wenn draußen die Mittagssonne so richtig brennt, dann ist genau die richtige Zeit für deinen Versuch. Falls ein Regentag ist, solltest du das Experiment verschieben.

1. Nimm eine runde Schüssel und bedecke sie von innen komplett mit Alufolie. Du musst aufpassen, dass die Alufolie nicht einreißt.
2. Streiche dann die Alufolie glatt, bis das Innere deiner Schüssel wie ein großer Spiegel aussieht.
3. Lege nun in die Mitte der Schüssel eine kleine Kartoffel.

4. Stelle die Schüssel mit der Alufolie und der Kartoffel in die pralle Sonne. Achte darauf, dass die Kartoffel nicht verrutscht.
5. Durch die gesammelte Sonnenenergie ist deine Kartoffel schon nach wenigen Minuten gar.

Was ist passiert?

Innerhalb von wenigen Minuten hast du eine gekochte Kartoffel, die du jetzt vielleicht mit etwas Kräuterquark verspeisen kannst. Die Sonnenstrahlen werden in der Mitte der Schüssel gesammelt. Dort entsteht eine sehr hohe Temperatur, die deine Kartoffel gar kocht.

Das brauchst du

1-2 Kohlrabiblätter

Wasser

1 Pipette

Spülmittel

Pfeffer

Blattschutz

Wenn es regnet, wird alles, was sich draußen befindet, nass. Du schützt dich mit einer Regenjacke oder mit einem Regenschirm. Doch wie verhindern Pflanzen, dass sie vollkommen nass werden?

Dazu kannst du diesen Versuch machen

1. Reibe eine Kohlrabiblatthälfte mit etwas Spülmittel ein.
2. Gib nun auf den unbehandelten Blattteil einige Tropfen Wasser aus der Pipette.
3. Tropfe nun auch auf den mit dem Spülmittel eingeriebenen Blattteil Wasser.

4. Auf dem unbehandelten Teil des Blattes bildet das Wasser runde Tropfen, die über die Blattoberfläche kullern, wenn du das Blatt leicht anhebst. Auf der Seite mit dem Spülmittel verläuft das Wasser, ohne Tropfen zu bilden.

Was ist passiert?

Das Kohlrabiblatt ist mit einer dünnen Wachsschicht überzogen, die wasserabstoßend ist. Deshalb kann das Wasser auf der mit Wachs überzogenen Seite des Kohlrabiblatts nicht frei fließen. Es bildet stattdessen Wasserkügelchen. Auf der anderen Seite des Kohlrabiblatts hat das Spülmittel die natürliche Wachsschicht zerstört. Daher bilden sich hier keine Wassertropfen.

Das brauchst du

1 Blatt Papier

2 Buntstifte

Punktechaos

Bist du eigentlich treffsicher? Kannst du einen bestimmten Punkt auf einem Blatt genau treffen? Na klar kann ich das, wirst du jetzt sagen! Wetten, dass nicht!?

Dazu kannst du diesen Versuch machen

1. Nimm ein Blatt Papier und male mit einem der Buntstifte einen richtig schönen dicken Punkt in die Mitte.
2. Jetzt nimmst du den anderen Buntstift und versuchst, den Punkt noch einmal genau zu treffen. Das sollte eigentlich kein Problem sein!

3. Aber jetzt kommt die Schwierigkeit: Halte dir ein Auge zu und versuche wieder, den Punkt in der Mitte zu treffen. Gar nicht so einfach, oder? Versuche es mit dem anderen Auge, vielleicht bist du damit ja treffsicherer?

Was ist passiert?

Mit zugehaltenem Auge verschiebt sich die Position des Punktes ein wenig, denn um räumlich sehen zu können, braucht dein Gehirn die Bilder von beiden Augen. Jedes Auge sendet ein eigenes Bild an dein Gehirn und das baut dann aus den beiden Bildern ein Bild. Nur so kannst du Abstände und Entfernungen richtig einschätzen.

Das brauchst du

1 Kugelschreiber

2 Blätter Papier

1 Schüssel Wasser

Geisterschrift

Hast du einen guten Freund oder eine beste Freundin? Möchtest du ihnen einen ganz geheimen Brief schreiben, in den kein Erwachsener seine neugierige Nase stecken kann? Dann weihe deinen Freund oder deine Freundin in dein Geheimnis ein und ihr könnt euch verborgene Botschaften schicken.

Dazu kannst du diesen Versuch machen

1. Nimm eines der Blätter und tauche es kurz in die Wasserschüssel ein. Lege dann das andere, trockene Blatt auf das nasse Blatt.

2. Auf das trockene Blatt kannst du nun mit dem Kuli deine Nachricht schreiben. Lasse das nasse Blatt jetzt trocknen und die Schrift, die du erkennen konntest, verschwindet.

3. Das trockene Blatt kannst du in tausend kleine Schnipsel zerreißen, damit die Botschaft auch geheim bleibt. Das getrocknete Blatt Papier dagegen kannst du nun in aller Ruhe und für alle sichtbar deinem Komplizen geben.

4. Aber du wirst dich jetzt fragen, wie er deine Botschaft lesen soll? Ganz einfach. Er muss nur das trockene Blatt wieder in eine Schüssel mit

Wasser eintauchen! Dann erscheint die Schrift wie von Geisterhand wieder auf dem Papierbogen.

Was ist passiert?

Schreibst du mit dem Kuli durch das trockene Blatt hindurch auf das feuchte Papier, so drückt die Kugel in der Mine des Kugelschreibers an den beschriebenen Stellen die Papierfasern zusammen. An diesen Stellen kann das Licht, wenn das Papier feucht ist, nicht mehr so gut durch das Papier scheinen. Deswegen werden diese Stellen dunkler und du kannst die Botschaft wieder lesen, solange das Papier nass ist.

Das brauchst du

1 Würfel Frischhefe

Wasser

10 Esslöffel Mehl

6 Teelöffel Zucker

2 Schüsseln

2 hohe Gläser

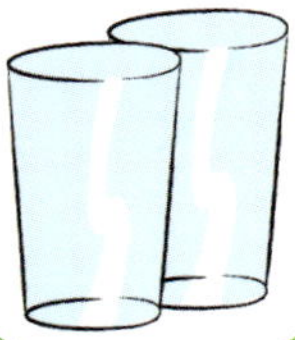

1 Esslöffel

1 Teelöffel

1 Haushaltswaage

1 Messbecher

Hefeteig

Bestimmt hast du schon einmal beim Brot- oder Kuchenbacken in der Küche geholfen. Die Hefe sorgt dafür, dass der Teig (auf)geht. Er wird locker und fluffig und bläht sich gewaltig auf. Doch was genau macht die Hefe im Teig?

Dazu kannst du diesen Versuch machen

1. Wiege zehn Gramm Frischhefe auf der Haushaltswaage ab. Miss mit dem Messbecher 120 Milliliter warmes Leitungswasser ab und löse die Hefe darin auf.
2. Gib in jede Schüssel fünf Esslöffel Mehl und drei Teelöffel Zucker.

3. Gib 50 Milliliter des Hefewassers in eine der beiden Schüsseln. In die andere Schüssel gibst du 50 Milliliter warmes Leitungswasser.
4. Rühre beide Teigmischungen gut um, bis du zwei zähe, klebrige Teige hast.
5. Fülle nun die beiden Wassergläser mit lauwarmem Leitungswasser.
6. Gib in das eine Wasserglas einen Klumpen des Hefeteigs und in das andere einen Klumpen des Teigs ohne Hefe. Nach einigen Minuten steigt der Hefeteigklumpen im Wasserglas nach oben. Der Teigklumpen ohne Hefe bleibt am Boden des Glases liegen.

Was ist passiert?

Bei der Hefe handelt es sich um Pilze. Diese Pilze ernähren sich vom Zucker im Teig. Dabei scheiden sie das Gas Kohlendioxid aus. Das Gas braucht viel Platz und deshalb bilden sich Gasblasen im Teig. Das lässt ihn locker und leicht werden, sodass der Hefeteigklumpen im Wasser nach einiger Zeit nach oben steigt.

Gelbe Lupe

Das brauchst du

1 Paket gelben Wackelpudding

200 Milliliter Wasser

1 Schüssel

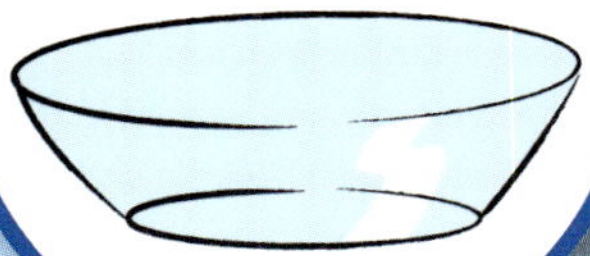

1 Suppenkelle

1 durchsichtigen Teller

1 Buch oder Zeitschrift

Wackelpudding ist eine herrliche Sache! Mit Vanillesoße oder Sahne kann man gar nicht genug davon bekommen. Allerdings kann man den Pudding nicht nur genussvoll im Mund zergehen lassen, sondern ihn auch für wissenschaftliche Experimente benutzen. Also, erst testen, dann essen!

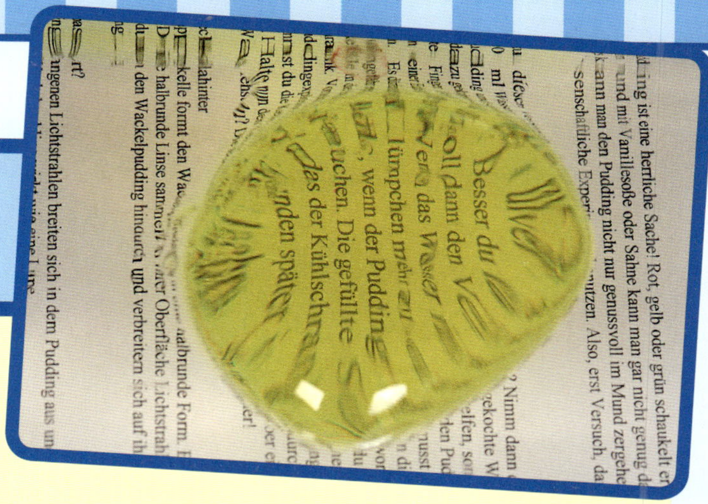

Dazu kannst du diesen Versuch machen

1. Koche 200 Milliliter Wasser. Vielleicht lässt du dir von einem Erwachsenen bei der Zubereitung helfen. Nimm dann dein Paket Wackelpudding und schütte das Pulver in die Schüssel.
2. Das gekochte Wasser muss dann langsam zum Puddingpulver in die Schüssel gekippt werden. Pass auf, dass du dich dabei nicht verbrennst.

3. Nun musst du alles gut verrühren. Es dürfen keine Klümpchen mehr zu sehen sein!
4. Lasse die Mischung abkühlen. Nach ungefähr einer Stunde, wenn der Pudding ein wenig fest geworden ist, kannst du die Suppenkelle in die Schüssel tauchen.
5. Die gefüllte Suppenkelle legst du nun in den Kühlschrank. Einige Stunden später ist dein Wackelpudding richtig schön fest.
6. Jetzt kannst du die Kelle aus dem Kühlschrank holen und auf den durchsichtigen Glasteller stürzen. Halte nun den Teller mit der Wackelpuddinglinse über ein aufgeschlagenes Buch oder eine Zeitschrift. Was siehst du?

Was ist passiert?

Die Suppenkelle formt den Wackelpudding in eine halbrunde Form. Er sieht nun aus wie eine halbrunde Linse. Die Linse sammelt an ihrer Oberfläche Lichtstrahlen, die dann durch den Wackelpudding hindurchfallen und sich auf ihrem Weg durch den Pudding verbreitern, sodass unter dem Pudding alles größer erscheint, wie bei einer echten Lupe!

Das brauchst du

3 leere Filmdosen

Einige Bohnenkerne

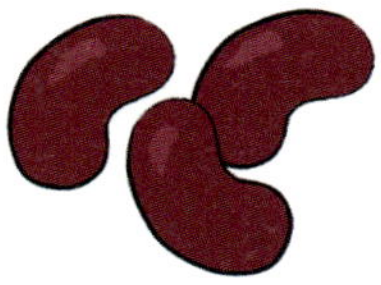

Wasser

Erde

Schrauben-zieher

Kurvengewächs

Um zu leben, brauchen Pflanzen Licht. Am besten viel Sonnenlicht. Aber auch die Menschen benötigen Licht zum Leben. Im Winter wird es ja oft gar nicht richtig hell und dann behelfen sich viele Menschen damit, ins Solarium zu gehen. Was glaubst du aber tun Pflanzen alles, um ans Licht zu kommen?

Dazu kannst du diesen Versuch machen

1. Nimm eine der drei Filmdosen und bohre mit dem Schraubenzieher seitlich auf halber Höhe zwei Löcher hinein.
2. Dann füllst du in alle drei Filmdosen ein wenig Erde und steckst einige Bohnenkerne hinein.

3. Die erste Filmdose lässt du offen auf der Fensterbank stehen. Die zweite verschließt du mit dem Deckel und stellst sie daneben. Die dritte Filmdose, die mit den gebohrten Löchern, verschließt du ebenfalls und stellst sie auch auf die Fensterbank.
4. Begieße deine Bohnenkerne nun jeden Tag mit Wasser und beobachte sie.
5. Nach einigen Tagen keimen die Bohnenkerne und wachsen. In der offenen Filmdose recken sich die Bohnen gerade nach oben. In der gelöcherten Dose wachsen sie aus den Löchern heraus dem Licht entgegen. In der verschlossenen Dose dagegen hat sich kaum etwas getan, es sind keine Blätter gewachsen.

Was ist passiert?

Ohne Sonnenlicht gehen die Pflanzen ein. Sie benötigen es, um mithilfe des Sonnenlichts den grünen Farbstoff Chlorophyll zu bilden. Die Pflanze stellt aus dem Blattgrün Traubenzucker her, der sie ernährt. Für den Menschen bleibt dabei auch noch etwas übrig, der Sauerstoff. Diesen Vorgang nennt man Fotosynthese.

Das brauchst du

1 Blatt Papier

3 Gläser

Brückenarchitekt

Ein Blatt Papier ist eine ziemlich dünne Angelegenheit und kein normaler Mensch würde auf die Idee kommen, daraus eine Brücke zu bauen, oder? Doch, du! Du glaubst, das gelingt dir nicht? Ganz sicher doch!

Dazu kannst du diesen Versuch machen

1. Stelle zwei Gläser auf den Tisch und lege ein Blatt Papier über die Gläser.
2. Nimm jetzt das dritte Glas und setze es vorsichtig in der Mitte des Papierblattes ab. Halte dich in Auffangposition, denn das Glas fällt natürlich mit dem Papier zusammen herunter. Das Papier kann die schwere Last des Glases nicht tragen. Ist doch logisch! Aber vielleicht geht es ja doch?

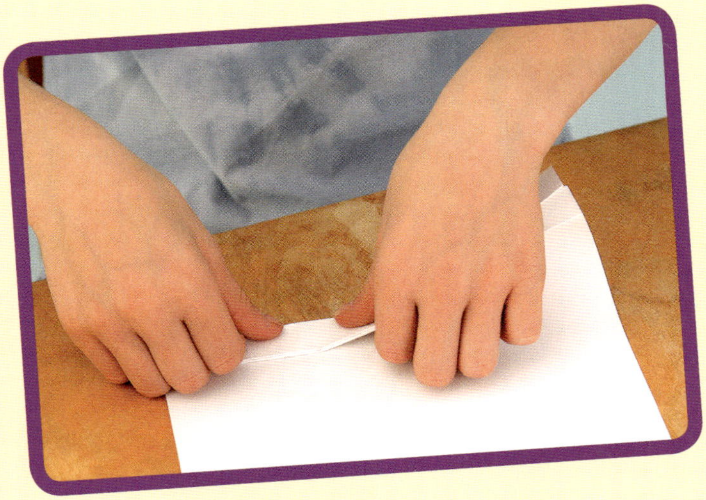

3. Nimm das Blatt Papier nochmals zur Hand und falte daraus jetzt einen Fächer. Immer ein Stück der Länge nach umknicken, das Blatt umdrehen und wieder ein Stück umknicken.
4. Wenn du fertig bist, nimmst du deinen Fächer und legst ihn wieder auf die beiden Gläser, sodass eine schöne Brücke entsteht. Jetzt versuch noch einmal, das Glas darauf abzustellen. Und? Es fällt nicht mehr herunter.

Was ist passiert?

Das ungefaltete Blatt Papier war natürlich nicht stabil genug, um dein Glas zu tragen. Durch das Falten entstehen jedoch mehrere kleine Papierwände, die von den Falten zusammengehalten werden. Das Gewicht des Glases verteilt sich gleichmäßig auf diese stabilen Papierwände und das Glas bleibt oben.

Das brauchst du

1 Gefrierbeutel aus dehnbarem Plastik mit 4 Liter Fassungsvermögen

6 Schaschlikspieße

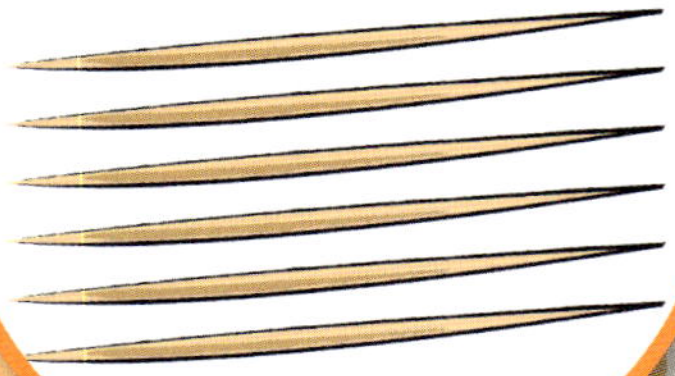

Wasser

1 große Schüssel

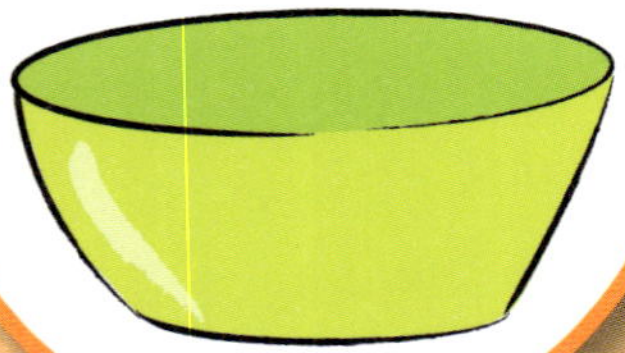

Durchbohrt

Ein Gefrierbeutel besteht aus Plastik und ist wasserundurchlässig – wenn er keine Löcher hat. Doch auch mit Löchern hält er dicht – wetten, dass? Mit diesem verblüffenden Trick kannst du deine Freunde zum Staunen bringen.

Dazu kannst du diesen Versuch machen

1. Diesen Versuch machst du am besten über der Badewanne oder einer großen Schüssel.
2. Fülle den Gefrierbeutel zu etwa drei Vierteln mit Wasser.
3. Verknote den Beutel oben oder benutze eine Verschlussklemme. Du kannst auch eine Freundin oder einen Freund bitten, den Beutel oben festzuhalten.

4. Stich nun vorsichtig nacheinander die Schaschlikspieße durch den mit Wasser gefüllten Beutelteil. Achte darauf, dass sie nicht herausrutschen – sonst wird es nass.
5. Trotz der vielen Löcher im Plastik rinnt kein Wasser aus dem Beutel.

Was ist passiert?

Wird der Schaschlikspieß durch den Beutel gebohrt, legt sich das dehnbare Plastik eng um das Holzstäbchen, das heißt, die Plastikteilchen umschließen es und der Beutel ist weiterhin dicht. Das funktioniert nur, weil Plastik ein Kunststoff ist, der zu den sogenannten Thermoplasten zählt. Die lassen sich in einem bestimmten Temperaturbereich sehr leicht verformen.

Das brauchst du

1 Wasserglas

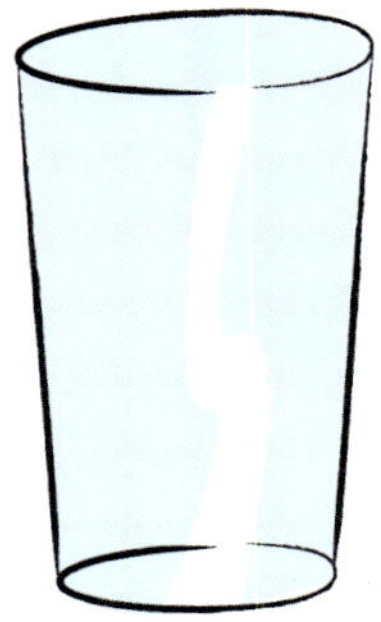

1 Stück Pappe

Wasser

Wasserwunder

Hokuspokus, dies ist ein Trick, der alle verblüffen wird! Ein mit Wasser gefülltes Glas steht auf dem Kopf und das Wasser bleibt trotzdem im Glas drin. Wetten werden natürlich gerne angenommen!

Dazu kannst du diesen Versuch machen

1. Am besten machst du diesen Versuch im Sommer, draußen vor dem Haus. Wenn aber jetzt gerade Winter ist und du den Versuch trotzdem nicht verschieben möchtest, dann mache ihn über der Badewanne.

2. Fülle dein Glas bis zur Hälfte mit Wasser. Lege nun die Pappe auf das Glas.

3. Drücke die Pappe mit der einen Hand fest auf das Glas, während du mit der anderen Hand das Glas umdrehst. Achtung! Drücke die Pappe so lange auf dem Glas an, bis du es wirklich komplett umgedreht hast. Wenn du zwischendurch loslässt, läuft das Wasser aus.

4. Jetzt kannst du die Hand wegziehen und ...

... das Wasser bleibt im Glas!

Was ist passiert?

Um uns herum ist Luft. Diese Luft übt Druck aus, drückt also gegen die Pappe. Von oben wird die Pappe vom Glas bedeckt und der Luftdruck ist daher nicht so groß wie von unten. Das heißt, die Luft von unten drückt stärker gegen die Pappe als der Luftdruck von oben und hält das Wasser im Glas.

Das brauchst du

1 Blatt Papier

1 schwarzen Filzstift

1 Lineal

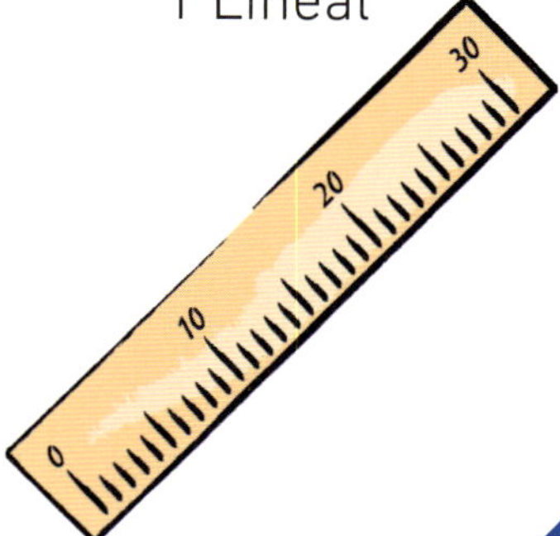

Blindfisch

Siehst du eigentlich gut? Oder bist du blind wie ein Maulwurf? Oder bist du gar ein Blindfisch? Aber auch den besten Augen kannst du mit einem einfachen Experiment einen interessanten und überraschenden Streich spielen! Hier erfährst du, wie.

Dazu kannst du diesen Versuch machen

1. Zeichne mit dem Filzstift ein Kreuz auf die rechte Seite von einem Blatt Papier.
2. Auf der gleichen Höhe misst du nun zehn Zentimeter nach links. Dorthin machst du einen Punkt.

3. Halte nun das Blatt Papier vor dein Gesicht und schließe das rechte Auge. Das Kreuz soll genau vor deinem offenen, linken Auge sein! Blicke einfach ganz starr auf das Kreuz.
4. Jetzt bewege das Blatt Papier langsam von deinem Gesicht fort. Aber du musst daran denken, das rechte Auge dabei immer geschlossen zu halten, sonst funktioniert das Experiment nicht. Na, schon gesehen, was passiert?
5. Der kleine Punkt, den du eben noch sehen konntest, verschwindet auf einmal. Probiere, ob dein anderes Auge genauso „blind" ist. Du wirst sehen, dieses Experiment funktioniert auf beiden Seiten.

Was ist passiert?

Bei einem Abstand von ungefähr 30 Zentimetern verschwindet der Punkt, denn in jedem Augapfel gibt es einen kleinen Bereich, mit dem du nicht sehen kannst. An dieser kleinen Stelle im Auge werden die Sehzellen zum Sehnerv. Dort ist der sogenannte blinde Fleck. Normalerweise wird diese Stelle von dem zweiten Auge ausgeglichen. Aber das hattest du ja geschlossen.

Das brauchst du

Mehl

Salz

Wasser

Einige Muscheln und Schneckenhäuser

1 kastenförmige Backform

1 Löffel

Butter

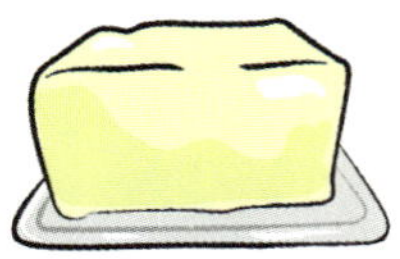

1 Lupe

Salzfossilien

Fossilien sind versteinerte Reste von früheren Lebewesen. Oft ist der eigentliche Körper eines Tieres nicht mehr vorhanden. Dafür findet man manchmal einen Abdruck der äußeren Form, zum Beispiel Abdrücke von Muschelschalen oder Schneckenhäusern.

Dazu kannst du diesen Versuch machen

1. Fette die Backform mit Butter ein.
2. Rühre in der Backform einen Salzteig an. Nimm dazu sechs Esslöffel Mehl, drei Esslöffel Salz und ⅛ Liter Wasser.
3. Schmiere die Außenseite der Muscheln und Schneckenhäuser gut mit Butter ein, damit sie sich später wieder ablösen lassen, und drücke sie oben etwas in den Teig hinein.

4. Lasse den Teig trocknen. Wenn es schneller gehen soll, kannst du ihn auch für etwa 30 Minuten bei 120 Grad Celsius in den Backofen stellen. Lasse dir dabei von einem Erwachsenen helfen.
5. Während der Teig fest wird, prägen sich die feinen Strukturen der Muschel- und Schneckenhausoberflächen in den Teig ein.
6. Nimm vorsichtig die Muscheln und Schneckenhäuser aus dem festen Teig und betrachte mit der Lupe die Abdrücke.

Was ist passiert?

Wenn Pflanzen oder Tiere sterben, liegen sie lange Zeit auf dem Boden. Ist der Boden weich, kann ein Abdruck ihrer äußeren Form erhalten bleiben – ebenso wie in unserem Salzteig die Abdrücke der Muscheln und Schneckenhäuser zu sehen sind. Von Fossilien kann man zahlreiche Hinweise erhalten. So lässt sich mit ihrer Hilfe zum Beispiel das Alter einer Gesteinsschicht bestimmen.

Das brauchst du

1 Besenstiel

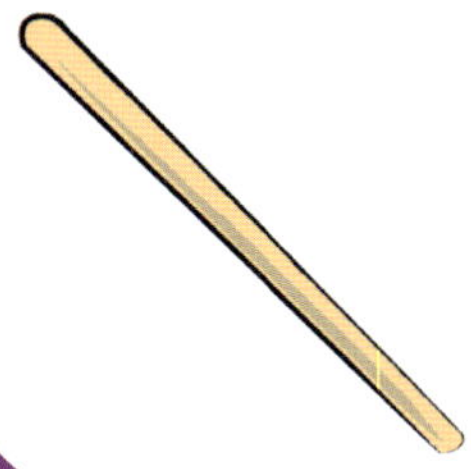

2 Stühle

2 Äpfel mit Stiel

Paketschnur

Zankapfel

Ein Boxkampf ist ja schon eine spannende Geschichte! Aber hast du schon mal Obst boxen gesehen? Du meinst, so etwas gibt es nicht? Dann pass mal auf! Aber keine Sorge, der Einzige, der sich bei diesem Kampf verletzen kann, ist ein Apfel.

Dazu kannst du diesen Versuch machen

1. Nimm zwei Stühle und stelle sie so weit voneinander entfernt auf, dass du den Besenstiel über die Lehnen legen kannst.
2. Schneide jetzt zwei gleich lange Bänder von der Paketschnur ab und knote das eine Ende an die Apfelstiele. Die anderen Enden der Bänder knotest du dann an den Besenstiel. Die Äpfel sollten so ungefähr zwei Handbreit auseinander hängen.

3. Jetzt kannst du dich vor deine angeknoteten Äpfel knien und los geht der Kampf! Gong! Es passiert nichts? Ach so, du musst noch pusten. Und zwar ganz kräftig zwischen den beiden Äpfeln hindurch!
4. Nun setzen sie sich in Bewegung und schlagen nach einer Weile gegeneinander! Du kannst noch einmal pusten! Bäng! Technischer K. o.!

Was ist passiert?

Unsere gesamte Umgebung ist voller Luft, auch wenn wir sie nicht sehen. Bläst du zwischen den Äpfeln hindurch, sinkt an dieser Stelle der Luftdruck für einen Moment. Zur gleichen Zeit drückt die Luft aber von außen die Äpfel zusammen. Durch den niedrigeren Luftdruck zwischen den Äpfeln hat der äußere Luftdruck mehr Kraft. Das Gleichgewicht ist für diesen Moment gestört und die Äpfel bewegen sich aufeinander zu.

Das brauchst du

1 Ei

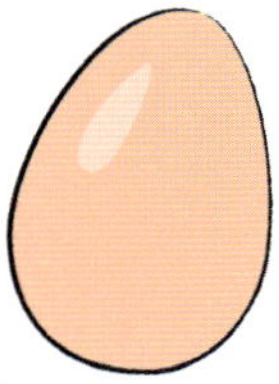

Wasser

Speiseöl

Lebens-
mittelfarbe

1 Messbecher

1 leeres Glas
mit Schraubdeckel

2 kleine
Schüsseln

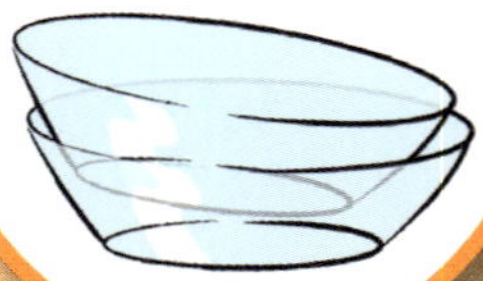

Mischstoff

Normalerweise mischen sich Wasser und Öl nicht. Das Öl schwimmt als getrennte Schicht auf dem Wasser. Doch durch einen Trick bringst du Wasser und Öl dazu, sich doch zu vermengen.

Dazu kannst du diesen Versuch machen

1. Miss 50 Milliliter Wasser ab und schütte es in das Glas.
2. Gib nun etwas Lebensmittelfarbe in das Wasser. Rühre kräftig um.
3. Miss 50 Milliliter Speiseöl ab und gieße es auf das gefärbte Wasser.

4. Verschließe das Glas mit dem Schraubdeckel und schüttle es.
5. Stelle das Glas nun einige Minuten auf den Tisch und beobachte, was passiert: Nach dem Schütteln trennen sich die beiden Flüssigkeiten schnell wieder.
6. Schlage jetzt ein Ei auf und trenne das Eigelb vom Eiweiß in zwei Schüsselchen.
7. Öffne das Glas mit dem Wasser und dem Öl und kippe das Eigelb hinzu.
8. Verschließe das Glas wieder und schüttle es erneut.
9. Stelle das Glas wieder einige Minuten auf den Tisch und beobachte: Nun vermischen sich die beiden Flüssigkeiten miteinander.

Was ist passiert?

Das Eigelb verbindet die Wasser- und Ölteilchen miteinander. Es hält auf der einen Seite die Wasserteilchen und auf der anderen Seite die Ölteilchen fest. Solche Bindemittel, die normalerweise unmischbare Stoffe miteinander verbinden, nennt man Emulgatoren. Die Mischung, die du erzeugt hast, ist eine Emulsion.

Tauchübung

Das brauchst du

1 leere Glasflasche (am besten kein Grün- oder Braunglas!)

Wasser

1 Streichholz

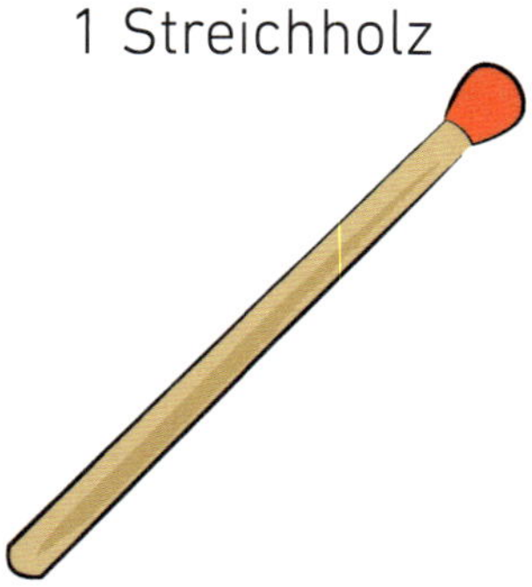

Kannst du dir vorstellen, dass ein Streichholz schwerelos in der Flasche schwebt und auf dein Kommando hinabsinkt oder wieder auftaucht? Vielleicht musst du für dieses Experiment ein wenig üben, aber es lohnt sich!

Dazu kannst du diesen Versuch machen

1. Fülle eine Glasflasche randvoll mit Leitungswasser. Wenn du die Flasche nicht wirklich bis zum Überlaufen vollmachst, funktioniert das Experiment nicht!
2. Nimm nun das Streichholz und brich den roten Kopf ab. Der Streichholzkopf ist dein Taucher.
3. Wirf deinen Taucher in die Flasche. Er schwimmt oben an der Öffnung der Flasche.
4. Jetzt kommt der Teil des Versuchs, den du wahrscheinlich ein wenig üben musst. Drücke mit deinem Daumen oder mit dem Handballen die Öffnung der Flasche zu. Wenn du die Öffnung komplett verschlossen hast, drücke noch ein wenig fester zu.

5. Wenn du die Öffnung verschlossen hast und drückst, sinkt dein Taucher in der Flasche hinab. Mit ein bisschen weniger Druck kannst du ihn mitten in der Flasche schweben lassen. Soll der Taucher wieder aufsteigen, kannst du die Hand wegnehmen, und wenn dein Taucher den Flaschenboden erkunden soll, dann drücke ganz fest zu.

Was ist passiert?

Wasser lässt sich nicht zusammendrücken, aber während du auf das Wasser drückst, wird die Luft in den Holzfasern des Streichholzes zusammengedrückt. Der Druck, den du auf das Wasser ausübst, geht auf das Streichholz über und es beginnt zu sinken. Lockerst du den Druck, dehnt sich die Luft wieder aus und das Streichholz steigt auf.

Das brauchst du

1 Blatt weiße Pappe (DIN A4)

1 Zirkel

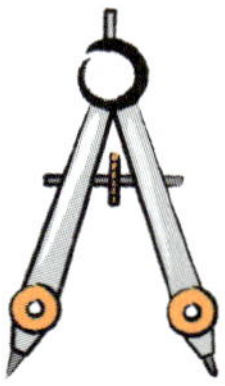

1 Geodreieck

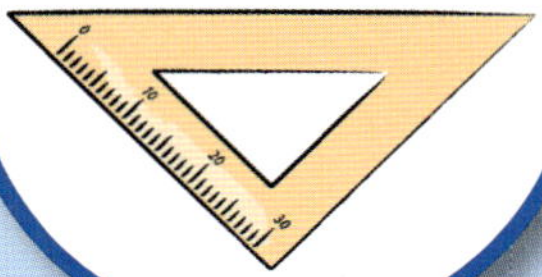

1 Bleistift

1 Schere

1 Zahnstocher

Bunt- oder Filzstifte

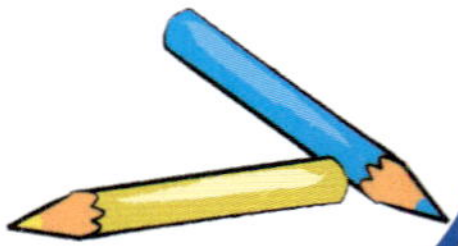

Farbspirale

Bestimmt hast du schon einmal einen Regenbogen gesehen. Wenn Licht durch ein bestimmtes Material fällt, brechen sich die Lichtstrahlen und erzeugen so einen farbenprächtigen Regenbogen. Doch geht das auch umgekehrt? Können alle Einzelfarben des Lichts zusammen weiß erscheinen?

Dazu kannst du diesen Versuch machen

1. Zeichne mit dem Zirkel einen Kreis mit einem Radius von fünf Zentimetern auf die weiße Pappe und schneide ihn aus.

2. Du benötigst nun sieben etwa gleich große Kreisabschnitte. Ein Kreis hat 360 Grad. Teilst du 360 durch 7, erhältst du etwa 51. Gehe so vor:

3. Ziehe eine gerade Linie vom Mittelpunkt des Kreises nach außen.

4. Lege das Geodreieck an der Linie an, miss 51 Grad ab und ziehe eine weitere Linie. Wiederhole dies, bis du die sieben Abschnitte hast.

5. Male nun die Kreisabschnitte im Uhrzeigersinn rot, orange, gelb, grün, hellblau, dunkelblau und violett aus. Durch den Kreismittelpunkt stichst du dann einen Zahnstocher.

6. Drehe die Farbscheibe wie einen Kreisel. Wenn sie sich ganz schnell dreht, erscheint die Farbscheibe weiß.

Was ist passiert?

Das weiße Licht der Sonne besteht aus einem Lichtspektrum der Farben Violett, Blau, Grün, Gelb, Orange und Rot. Man nennt sie auch Spektralfarben. Durch die Drehung der Farbscheibe kann das Auge die einzelnen Farben nicht mehr wahrnehmen. Es mischt sie einfach alle. Das Ergebnis ist ein weißlicher Farbton.

Das brauchst du

1 Zollstock

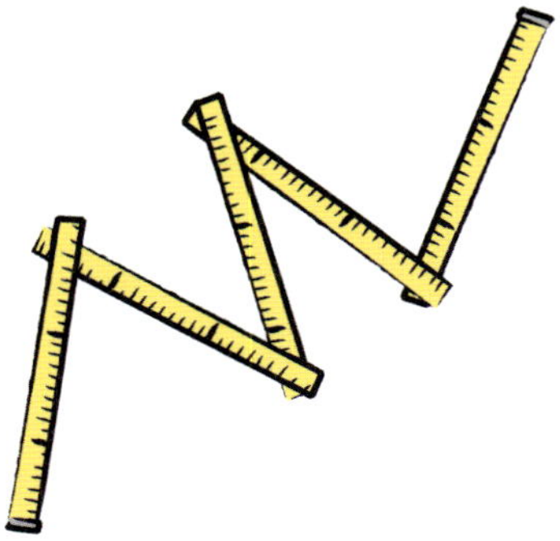

1 Baum

Hoch hinaus

Der älteste Baum der Erde ist eine 9550 Jahre alte Fichte in Schweden. Die größten Blätter hat man an einer Palme auf Madagaskar gemessen. Ein einziges Blatt ist bis zu zwölf Meter lang. Die schwersten Früchte wurden an einem Jackbaum in Indien gefunden. Eine Frucht wiegt 25 Kilogramm. Findest du deinen eigenen Rekordbaum? Vielleicht den höchsten in deiner Stadt?

Dazu kannst du diesen Versuch machen

1. Diesen Versuch musst du mit einem Freund oder einer Freundin zusammen machen. Suche einen Baum aus, dessen Höhe du gern messen möchtest.

2. Gehe nun von dem Baum aus 27 große Schritte zurück, die möglichst genau einen Meter lang sind. Klappe zur Probe den Zollstock auf einen Meter aus und übe die Schrittlänge vorher.

3. Wenn du die 27 Schritte gemacht hast, soll dein Freund oder deine Freundin den Zollstock ausgeklappt auf genau diese Stelle halten. Der Zollstock muss den Boden berühren und dann senkrecht in die Luft zeigen.

4. Du gehst jetzt noch drei Meterschritte weiter. Lege dich dann flach auf den Boden, so, dass du Baum und Zollstock gut im Blick hast.

5. Blicke nun an dem Zollstock vorbei zum Baumwipfel hin. Dein Freund oder deine Freundin soll jetzt die Hand am Zollstock auf und ab bewegen, bis direkt unterhalb der Hand die Spitze des Baumes zu erkennen ist.

6. Lest den Wert auf dem Zollstock ab, an dem die Hand in dem Moment war. Zeigt der Wert zum Beispiel 90 Zentimeter an, dann ist der Baum neun Meter hoch. Bei 120 Zentimetern ist der Baum zwölf Meter hoch und so weiter.

Was ist passiert?

Die gemessene Länge auf dem Zollstock steht im Verhältnis zur Größe des Baumes. Das mathematische Gesetz dahinter heißt Strahlensatz. Schon vor rund 2500 Jahren soll der griechische Mathematiker Thales (um 624 vor Christus bis 547 vor Christus) nur mithilfe eines Stabes durch Messung der Schattenlänge die Höhe der Cheopspyramide errechnet haben.

Das brauchst du

-  1 leere Plastikflasche (1,5 Liter)
-  4 Plastikbecher
-  1 Strohhalm
-  Zahnstocher
-  Paketschnur
- 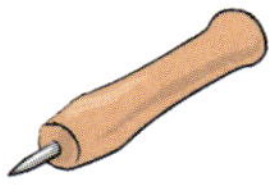 1 Dosenlocher
-  1 Schüssel
-  1 Backofenrost
-  1 Spielzeugauto
-  1 kleine Flasche
-  1 Schere
-  Wasser

Wasserkraft

Wasserfälle sind nicht nur schön anzusehen, sie besitzen auch eine Menge Kraft und Energie, die man nutzen kann. Zum Beispiel mit einem Wasserrad. Dann dreht das Wasser ein Schaufelrad, das zum Beispiel ein Mahlwerk im Inneren einer Mühle antreibt. Baue dir ein Schaufelrad, das allein mit Wasserkraft ein Spielzeugauto zieht.

Dazu kannst du diesen Versuch machen

1. Schneide den Boden und den Hals einer großen Plastikflasche ab.
2. Bohre mit der Schere zwei sich gegenüberliegende Löcher in die Mitte des Bauchteils der Plastikflasche.
3. Durchstich den Strohhalm in der Mitte mit dem Dosenlocher: einmal von oben nach unten und einmal von der einen Seite zur anderen.
4. Stecke den Strohhalm durch die Löcher in der Plastikflasche.

5. Damit der Strohhalm nicht wieder herausrutscht, steckst du je einen abgebrochenen Zahnstocher außerhalb der Flasche durch den Strohhalm.
6. Durchschneide die vier Plastikbecher etwa einen Zentimeter über dem Becherboden.
7. Schneide nun aus der Hälfte jedes Plastikbodens zwei nebeneinander liegende Ecken heraus, sodass der restliche Becherboden in der Mitte eine Lasche behält.
8. Klappe diese Lasche nach oben.

9. Stich mit dem Dosenlocher in jeden der vier Becherböden zwei Löcher: eines mitten durch die hochstehende Lasche und ein zweites durch die gegenüberliegende Seite.
10. Führe nun einen Zahnstocher durch einen Becherboden, durch das Loch in der Mitte des Strohhalms und auf der anderen Seite wieder durch einen zweiten Becherboden. Achte darauf, dass die Becherboden-Schaufeln in die gleiche Richtung zeigen.
11. Mit einem zweiten Zahnstocher verbindest du die beiden anderen Schaufeln mit dem Strohhalm.

12 Binde das Spielzeugauto an einem längeren Stück Schnur fest.

13 Bringe das andere Ende der Schnur an einer Seite des herausschauenden Strohhalms an.

14 Stelle dein Wasserrad auf den Backofenrost, der auf einer Schüssel liegt.

15 Gieße nun von oben aus einer kleinen Flasche Wasser auf das Schaufelrad.

16 Das Wasser drückt auf die Schaufelräder und dreht das Wasserrad. Dabei wird die Schnur am Strohhalm aufgerollt und das Spielzeugauto wird herangezogen.

Was ist passiert?

Aufgrund der Schwerkraft fällt das Wasser nach unten und die Fallenergie des Wassers dreht das Schaufelrad. Beim Aufprall auf die Schaufeln rotieren diese um eine bewegliche Achse – den Strohhalm. Um die sich windende Achse wickelt sich das Seil auf. Die Wasserkraft reicht aus, um das Spielzeugauto heranzuziehen. Wasserräder sind die ältesten Wasserkraftmaschinen der Welt. Sie arbeiten in Ölmühlen, Walkmühlen, Sägemühlen, Hammerwerken und Schleifmühlen.

Becherzug

Ein Flaschenzug ist ein Konstrukt zum Heben von schweren Gegenständen. Er besteht aus festen und losen Rollen, über die Seile gezogen werden. Lange Zeit war diese Nutzung von Rollen und Flaschenzügen die einzige Möglichkeit, auf Baustellen große Lasten zu heben, denn mit ihnen kann die notwendige Kraft zum Heben oder Bewegen schwerer Lasten verringert werden. Probiere es selbst einmal aus.

Das brauchst du

2 Stühle mit Lehnen

1 Besen

2 Plastikbecher

12 gleich große Murmeln

2 leere Garnrollen

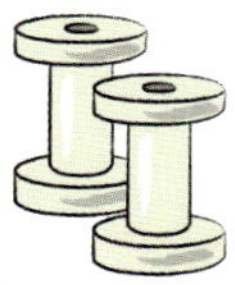

3 Bleistifte

1 Schaschlikspieß

1 Dosenlocher

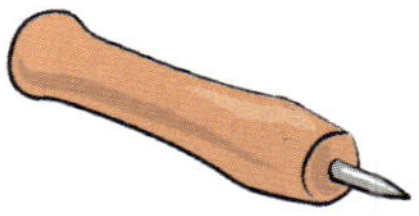

Paketschnur

Klebeband

Dazu kannst du diesen Versuch machen

1. Stelle zwei Stühle mit den Lehnen zueinander auf und lege den Besenstiel über die beiden Stuhllehnen.

2. Damit die Schnur hinterher besser über die Garnrollen läuft, kannst du mithilfe des Klebebands eine Laufspur erzeugen. Dazu klebst du links und rechts auf die Rollen einige Streifen Klebeband.

3. Stecke einen Schaschlikspieß durch eine der beiden Garnrollen.

4. Befestige an den Enden des Schaschlikspießes mit Klebeband je einen Bleistift im 90-Grad-Winkel.

5. Klebe die beiden Bleistifte mit Klebeband so am Besenstil fest, dass der Schaschlikspieß mit der Garnrolle waagerecht hängt.

6. Mit dem Dosenlocher stichst du in jeden Plastikbecher oben am Rand zwei sich gegenüberliegende Löcher.

7. Ziehe durch die Löcher in beiden Bechern je ein Stück Paketschnur und verknote sie so, dass du einen Henkel erhältst.

8. Befestige nun ein weiteres Stück Schnur an dem Schnurhenkel eines Bechers.

9. Ziehe die Schnur über die Garnrolle und befestige sie an dem Schnurhenkel des zweiten Bechers.

10. Befülle nun beide Becher mit je sechs gleich großen Murmeln. Was beobachtest du?

11. Für den zweiten Teil des Flaschenzugexperiments löst du die Verbindungsschnur von einem der Becher.

12 Stecke einen Schaschlikspieß durch den Becher und die Garnrolle, die sich innerhalb des Bechers befinden soll.

13 Ziehe die Schnur, die an dem anderen Becher noch befestigt ist, zunächst über die Garnrolle, die zwischen den Bleistiften befestigt ist.

14 Dann führst du die Schnur über die Rolle in dem zweiten Becher.

15 Zum Schluss befestigst du das lose Ende der Schnur am Bleistift, auf dem die obere Garnrolle steckt.

16 Beide Becher sind wiederum mit je sechs gleich großen Murmeln gefüllt. Halte sie in gleicher Höhe und lasse dann los.

17 Während die Becher beim Einsatz von nur einer Spule auf gleicher Höhe bleiben, bewegt sich beim Einsatz von zwei Spulen ein Becher nach unten.

Was ist passiert?

Im ersten Teil des Versuchsaufbaus befinden sich die gleich schweren Becher im Gleichgewicht. Kein Becher vermag den anderen zu heben. Unter Zuhilfenahme einer zweiten Rolle zieht ein Becher den anderen Becher hoch, während er selbst absinkt. Und das, obwohl beide Becher gleich schwer sind. Entscheidend für die Zugkraft ist die Anzahl der tragenden Seilabschnitte. Je mehr Rollen du einsetzt, umso leichter wird das Anheben.

Das brauchst du

1 Bogen Butterbrotpapier

Pappe

Klebeband

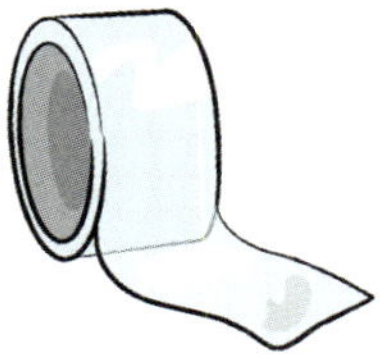

1 Schere

1 Lupe

Dias

1 Taschenlampe

Bildwerfer

Urlaubsfotos sind eine tolle Sache! Wenn der Film nach dem Urlaub zum Entwickeln gebracht wird, dann frag doch deine Eltern, ob sie noch einige extra Dias für dieses Experiment machen lassen. Die kannst du dann mit deinem selbstgebauten Diaprojektor sozusagen an die Wand „werfen"! Übrigens kann man auch von digitalen Fotografien Dias machen lassen.

Dazu kannst du diesen Versuch machen

1 Klebe das Butterbrotpapier vor das Glas deiner Taschenlampe. Achte darauf, dass die Lampe vorne gut abgedeckt ist und kein Lichtstrahl mehr am Butterbrotpapier vorbei strahlt.

2 Zeichne nun ein Quadrat in der Größe eines Dias auf die Pappe. Male um das Quadrat einen Rahmen, der an jeder Seite mindestens sieben Zentimeter größer ist. Diesen zusätzlichen Rand benötigst du später, um ihn an der Taschenlampe zu befestigen. Schneide das Ganze nun aus. Das aufgemalte Quadrat in Diagröße schneidest du wie ein Fenster in dein Pappstück.

3 Knicke die Ränder deines Rahmens um und befestige ihn mit Klebeband vor der Taschenlampe. Und zwar so, dass der Lichtstrahl der Taschenlampe durch das ausgeschnittene Quadrat leuchtet.

4 Stecke nun das Dia kopfüber in die Halterung, die du gebaut hast, in das kleine quadratische Fenster.

5 Dein selbstgebauter Diaprojektor ist jetzt fast startklar! Du kannst dir nun einen Raum mit einer weißen Wand suchen. Den musst du jetzt nur noch verdunkeln.

6 Dann schnappst du dir die Lupe und hältst sie mit der Hand einfach vor das Dia an der Taschenlampe. Lampe an und Bild ab!

Wie weit die Lupe am besten von der Lampe entfernt sein soll, musst du etwas ausprobieren, denn es hängt von der Brennweite der Linse ab, wie groß die Entfernung sein sollte.

Was ist passiert?

Der Diaprojektor vergrößert das Dia und wirft es auf die Projektionsfläche. In deinem Fall fällt das Licht durch das Dia und die Lupe auf die weiße Wand. Um das komplette Bild richtig herum auf der Wand zu sehen, musst du das Dia verkehrt herum einsetzen. Denn während die Lichtstrahlen der Taschenlampe durch die Lupe fallen, werden oben und unten und rechts und links vertauscht.

Minifilm

Bestimmt weißt du, dass Zeichentrickfilme aus vielen einzelnen Bildern zusammengesetzt sind. In der richtigen Reihenfolge schnell hintereinandergezeigt, ergeben sie einen bewegten Film. Bastle dir selbst ein Daumenkino aus Pappe, in dem zum Beispiel die Mondphasen ganz schnell ablaufen: von Neumond über Halb- und Vollmond, bis es erneut Neumond wird.

Das brauchst du

- Blaue, dicke Pappe (DIN A4)
- 1 Blatt gelbes Papier (DIN A4)
- 1 Schere
- 1 Klebestift
- 1 Lineal
- 1 Zirkel
- 1 Bleistift
- 1 schwarzen Filzstift
- 1 Gummiband

Dazu kannst du diesen Versuch machen

1 Miss mit dem Lineal auf der blauen Pappe zwölf Rechtecke mit den Maßen fünf mal zehn Zentimeter aus und zeichne mit dem Bleistift die Schnittlinien ein. Schneide dann die Rechtecke sauber aus.

2 Zeichne mit einem Zirkel auf das gelbe Papier zwölf kleine Kreise und schneide sie anschließend ordentlich aus.

3 Klebe nun mit dem Klebestift auf jedes blaue Rechteck einen gelben Mondkreis. Achte darauf, dass sich die Kreise immer an der gleichen Stelle auf den Rechtecken befinden.

4 Male dann den Mondschatten mit dem schwarzen Filzstift auf die gelben Kreise. Auf der ersten Karte wird der Mond ganz schwarz: Es ist Neumond. Auf der zweiten Karte befindet sich rechts eine schmale, gelbe Sichel, auf der dritten Karte rechts eine etwas breitere. Auf der vierten Karte ist Halbmond. Male die linke Hälfte des Kreises schwarz aus. Auf der fünften Karte hat der Mond links einen breiten Schatten, auf der sechsten links einen schmalen Schatten. Auf der siebten Karte ist Vollmond – hier bleibt der Mond komplett gelb. Auf der achten Karte erscheint

rechts ein kleiner Schatten, auf der neunten Karte rechts ein breiter Schatten. Auf der zehnten Karte ist wieder Halbmond. Nun malst du aber die rechte Seite schwarz aus. Die elfte Karte hat links eine breite Sichel und die zwölfte Karte eine noch breitere Sichel.

5. Bringe die Karten in die richtige Reihenfolge und wickle ein Gummiband um die nicht beklebte Seite des Kartenhaufens. Nun ist dein Minifilm fertig.

6. Halte das Daumenkino mit der einen Hand fest und blättere es schnell mit dem Daumen der anderen Hand durch.

7. Der Mond nimmt zunächst zu und dann wieder ab. Durch das schnelle Blättern sieht es aus wie ein kleiner Film.

Was ist passiert?

Durch die schnelle Abfolge der einzelnen Mondbilder nehmen wir die Veränderung auf den Bildern als eine fortlaufende Bewegung wahr. Denn unser Sehsinn ist etwas träge und kann bei einer schnellen Bildabfolge die einzelnen Bilder nicht auseinanderhalten. Natürlich kannst du auch eine eigene Daumenkino-Geschichte erfinden. Ein hüpfender Ball oder ein Blatt, das zu Boden fällt. Hier sind deiner Fantasie keine Grenzen gesetzt.

Das brauchst du

1 großes Einmachglas

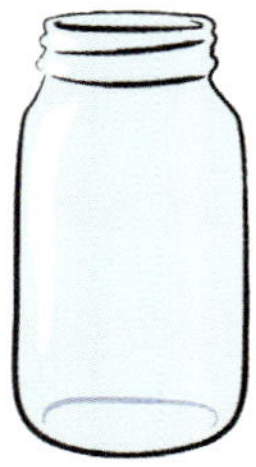

1 Wasserkocher

Wasser

1 Eiswürfelbehälter mit Eiswürfeln darin

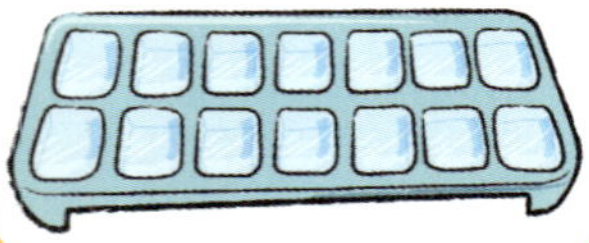

Wetterglas

Riesige Gewitterwolken ziehen wie mächtige Ozeanriesen über den Himmel. Es kommt Wind auf und gleich fängt es an zu donnern. Hast du das schon mal gesehen? Oder die kleinen, weißen Wattewolken, die aussehen wie eine Herde Schafe beim Grasen? Dann gibt es da auch noch die Schönwetterwolken, die an einem warmen Sommertag träge über den Himmel ziehen. Es gibt so viele unterschiedliche Wolken, aber weißt du eigentlich, wie sie entstehen?

Dazu kannst du diesen Versuch machen

1. Koche in dem Wasserkocher (oder auch mit einem Topf) Wasser.
2. Das heiße Wasser gießt du vorsichtig in das Einmachglas hinein. Lasse dir dabei besser helfen! Verbrühungen tun scheußlich weh!

3. Wenn du dir dein Einmachglas nun anschaust, dann siehst du, wie der Wasserdampf aus dem Gefäß aufsteigt.
4. Nimm nun den Eiswürfelbehälter aus dem Gefrierfach und halte ihn zusammen mit den Eiswürfeln über das Einmachglas mit dem heißen Wasser. Sofort kondensiert der Wasserdampf.

5 Wenn das Wasser kondensiert, bilden sich kleine Wassertröpfchen, die in der Luft schweben. Wenn Wasser erst verdampft und dann wieder abkühlt, entstehen Wolken. So hast du eine eigene Wolke hergestellt.

Was ist passiert?

Wenn Wasser kocht, entsteht Wasserdampf. Der Wasserdampf steigt nach oben und kühlt dort durch den Eiswürfelbehälter sehr schnell ab. Der Wasserdampf verwandelt sich wieder in Wassertröpfchen zurück. Bei den Wolken, die du draußen beobachten kannst, funktioniert das genauso. Wenn es warm ist, verdunstet das Wasser aus den Meeren und Seen. Es steigt als Dampf nach oben auf und kühlt in den höheren Luftschichten wieder ab. Es bilden sich Wassertröpfchen in der Luft. Daraus entstehen dann die Wolken.

Leuchtpudding

Bestimmt kennst du Gegenstände, die von selbst leuchten. Dazu zählen Textmarker in Neonfarben. Besonders schön leuchten sie, wenn du die Textmarkerlinien auf dem Papier unter einer UV-Lampe im UV-Licht (**U**ltra**v**iolettes Licht) betrachtest. Selbst in Lebensmitteln sind solche Farbstoffe enthalten. Versuche es selbst.

Das brauchst du

1 Päckchen Vanillepudding mit dem Farbstoff Riboflavin

1 Messbecher

200 Milliliter Wasser

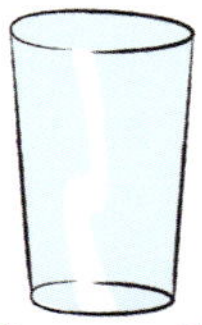
1 hohes Wasserglas

1 Kaffeefilter

2 Kaffeefilterpapiere

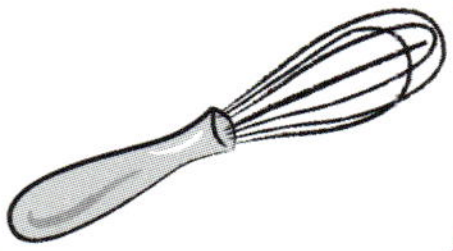
1 Schneebesen

1 Teelöffel

1 Schwarzlicht-Birne (75 Watt)

1 Schreibtischlampe

Dazu kannst du diesen Versuch machen

1. Miss mit dem Messbecher 200 Milliliter Wasser ab.
2. Gib anschließend zwei Teelöffel von dem Puddingpulver in das Wasser und rühre das Ganze kräftig mit dem Schneebesen um.
3. Setze die zwei Kaffeefilterpapiere übereinander in den Kaffeefilter und den Filter danach auf ein leeres hohes Wasserglas.
4. Wenn du alles gut umgerührt hast, gieße das mit Wasser angerührte Puddingpulver durch den Filter.
5. Jetzt kommt die Schreibtischlampe zum Einsatz! Tausche die Glühbirne der Schreibtischlampe durch die Schwarzlicht-Birne aus.

6. Schalte das Schwarzlicht ein und verdunkle das Zimmer.
7. Betrachte nun die filtrierte wässrige Puddinglösung im Schwarzlicht. Was siehst du?

8 Nach dem Filtrieren erhältst du eine klare, gelbliche Lösung. Im Filterpapier bleibt ein gelber Feststoff zurück. Unter dem Schwarzlicht leuchtet die abfiltrierte Flüssigkeit neongelb. Ganz schön faszinierend, oder?

Was ist passiert?

Das, was im Vanillepudding im Schwarzlicht leuchtet, ist der Farbstoff Riboflavin. Dabei handelt es sich um das wasserlösliche Vitamin B2. Im Vanillepudding setzt man es wegen seiner intensiven gelben Farbe als Farbstoff ein. Schwarzlicht ist übrigens eine andere Bezeichnung für einen bestimmten Bereich ultravioletter Strahlung, kurz UV-Strahlung. Beim ultravioletten Licht unterscheidet man drei Bereiche: UV-A, UV-B und UV-C. Nur UV-A nennt man auch Schwarzlicht.

Das brauchst du

1 Schüssel mit warmem Wasser

1 Schüssel mit kaltem Wasser

1 Schüssel mit lauwarmem Wasser

1 Uhr

Eiswürfel

Handstreich

Mit einem Thermometer kannst du Temperaturen messen, zum Beispiel die Temperatur von Wasser. Ach, sagst du jetzt, ich brauche kein Thermometer, ich nehme meine Hände und fühle einfach, ob das Wasser warm oder kalt ist. Aber Vorsicht, deine Hände können dir einen ganz schönen Streich spielen. Du glaubst es nicht?

Dazu kannst du diesen Versuch machen

1. Stelle die Schüsseln mit dem Wasser nebeneinander auf. Das kalte Wasser neben das ganz warme Wasser und neben das ganz warme Wasser das lauwarme Wasser.

2. In das kalte Wasser tust du jetzt noch einige Eiswürfel, dann ist es so richtig eiskalt.

3. Schaue jetzt auf deine Uhr und stecke die eine Hand für ungefähr zwei Minuten in die Schüssel mit dem Eiswürfelwasser. Die zweite Hand tauchst du gleichzeitig, ebenfalls für zwei Minuten, in die Schüssel mit dem warmen Wasser ein.

4. Dann nimmst du beide Hände aus den Schüsseln und tauchst sie nun zusammen in die Schüssel mit dem lauwarmen Wasser ein. Welche Temperaturen fühlst du?

5. Die Hand, die einige Zeit in dem warmen Wasser war, empfindet das lauwarme Wasser nun als kalt. Die Hand aus dem Eiswürfelwasser empfindet das lauwarme Wasser als sehr warm.

Was ist passiert?

Das liegt an den Thermorezeptoren in der Haut, also den Nerven, die für die Temperaturempfindung zuständig sind. Sie leiten die Information über Kälte oder Wärme an das Gehirn weiter und das merkt sich diese Info. Da sich das Gehirn für die eine Hand kalt gemerkt hat und für die andere warm, ist das lauwarme Wasser nun für die kalte Hand warm und für die warme Hand kalt.

Das brauchst du

Drehwurm

War dir schon einmal schwindelig? Wenn du dich mehrmals im Kreis drehst, passiert dir das ganz bestimmt. Wie schnell du aus dem Gleichgewicht geraten kannst, zeigt dir dieser Versuch. Dazu benötigst du allerdings ganz viel Platz. Am besten machst du den Gleichgewichtstest im Freien auf einer großen Wiese.

Dazu kannst du diesen Versuch machen

1. Nimm einen Stock, der dir ungefähr bis zur Brust reicht, und halte ihn in einer Hand.
2. Stelle den Stock auf den Boden vor deine Füße.
3. Nun laufe dreimal um den Stock herum.

4. Wirf dann den Stock zur Seite und versuche, geradeaus zu gehen.
5. Wie oft du es auch versuchen magst, es wird dir nicht gelingen, geradeaus zu laufen. Das ist ein komisches Gefühl – und macht eine Menge Spaß.

Was ist passiert?

Das Gleichgewichtsorgan befindet sich im Ohr. Es besteht aus einem Röhrensystem, das mit einer Flüssigkeit gefüllt ist. Drehen wir uns im Kreis, so schwappt die Flüssigkeit im Ohr wild hin und her. Willst du dann geradeaus laufen, so bleibt die Flüssigkeit weiter in Bewegung. Das Gehirn steuert dein Laufen so, als ob du dich weiter drehst. Deshalb wirst du immer in einem Bogen gehen – und zwar in die Richtung, in die du dich gedreht hast.

Das brauchst du

1 Eimer
mit stabilem Henkel

Wasser

Fliehkraft

Kannst du dir vorstellen, dass du einen Eimer voll Wasser mit der Öffnung nach unten direkt über deinen Kopf hältst, ohne dass du dabei nass wirst? Das funktioniert! Trotzdem solltest du für dieses Experiment doch besser nach draußen gehen. Man weiß ja nie!

Dazu kannst du diesen Versuch machen

1. Fülle deinen Eimer zur Hälfte mit Wasser. Stelle dich ein wenig breitbeinig hin und achte darauf, dass rechts und links neben dir genügend Platz ist.

2. Fasse den Eimer am Henkel und schwinge ihn probehalber einige Male etwas hin und her.

3. Wenn du sicher stehst und den Eimer gut im Griff hast, dann geht es los. Schwinge den Eimer in einem großen Kreis herum und mehrmals auch über dich. Du darfst aber nicht zwischendrin anhalten, denn dann bist du nass!

Was ist passiert?

Bei deinen Bewegungen schleuderst du den Eimer im Kreis herum und je schneller du das tust, umso schwerer wird der Eimer. Die Kraft, die sich hier entwickelt, nennt man Fliehkraft. Das Wasser wird regelrecht gegen den Eimerboden gepresst und kann so nicht aus dem Eimer auslaufen. Bei allen Dingen, die sich im Kreis bewegen, entsteht diese Fliehkraft.

Das brauchst du

1 Zeitung

1 Tisch

1 Holzlineal

Kraftprobe

Wetten, dass du es nicht schaffst, ein Holzlineal, das zur Hälfte auf dem Tisch liegt und zur Hälfte darüber hinaus ragt, mit einem einzigen Faustschlag vom Tisch zu hauen? Damit das Experiment klappt, musst du ein Zeitungsblatt über das Lineal legen. Eine Zeitung wiegt ja fast nichts. Das ist also kein Problem für dich. Oder?

Dazu kannst du diesen Versuch machen

1. Lege das Lineal halb auf den Tisch, halb lässt du es über dem Boden schweben.
2. Haue nun mit einem kurzen festen Faustschlag auf die schwebende Linealseite. Das Lineal fällt mit einem Krachen vom Tisch.

3. Falte nun deine Zeitung auseinander und suche dir ein doppelseitiges Blatt heraus.
4. Lege das Lineal so auf den Tisch, wie zu Beginn. Das Zeitungsblatt deckst du über das Lineal. Die schwebende Hälfte soll dabei frei bleiben.
5. Streiche das Zeitungsblatt zur Seite hin aus und glätte es. Jetzt Anlauf nehmen und fest auf die schwebende Linealseite hauen! Oh! Na, nicht kräftig genug?

Was ist passiert?

In dem Moment, in dem du auf das Lineal haust, bildet sich unter der Zeitung ein Vakuum, das ist ein luftleerer Raum, und saugt Lineal und Zeitung an, sodass das Lineal nicht in hohem Bogen durch das Zimmer fliegt. Zusätzlich drückt die Luft von oben gegen die Zeitung, immerhin mit einem Kilogramm Gewicht pro Quadratzentimeter.

Das brauchst du

1 leere, flache Cremedose

Mehrere gleich große Murmeln

1 CD-Hülle

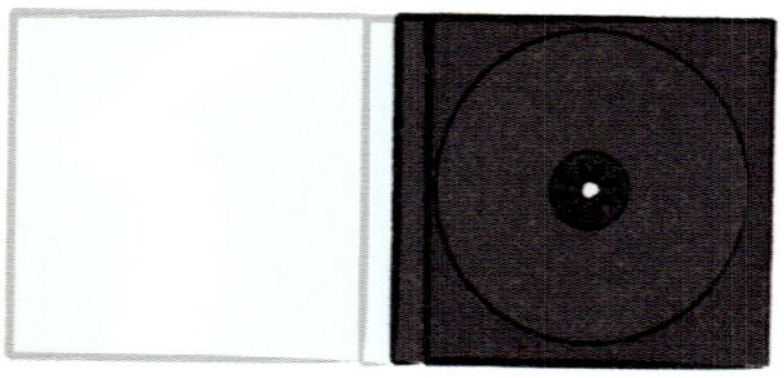

Rollreibung

Die Kugelform ist in der Natur sehr verbreitet: Wassertropfen, Seifenblasen, Äpfel, Mandarinen, Weintrauben, die Erde, die Sonne und der Mond. Achte einmal darauf, was alles kugelig ist. Auch in der Technik sind Kugeln beliebt. So zum Beispiel bei einem Kugellager.

Dazu kannst du diesen Versuch machen

1. Fülle so viele Murmeln in die leere Cremedose, dass sie locker nebeneinander liegen. Die Murmeln sollten etwas über den Rand der Dose hinausragen.

2. Lege jetzt eine CD-Hülle auf die Murmeln und bewege die Hülle mit der Hand hin und her.

3. Die CD-Hülle lässt sich ganz leicht in alle Richtungen schieben und im Kreis drehen.

Was ist passiert?

Es gibt nur wenige Kontaktpunkte zwischen der CD-Hülle und den Murmeln. Die CD-Hülle liegt auf jeder Murmel nur an einem Punkt auf. An diesem Punkt entsteht Reibung. Doch die Rollreibung ist viel geringer, als wenn die CD-Hülle mit ihrer gesamten Fläche aufliegen würde. Kugeln erleichtern also die Fortbewegung verschiedenster Gegenstände.

Das brauchst du

1 großes Halstuch

Viele verschiedene Dinge, die du selbst aussuchen kannst, zum Beispiel Stofftiere, Tennisball, Löffel, Mütze, Möhre, Pulli, Stift und so weiter.

Zehenspitzengefühl

Hast du eigentlich Fingerspitzengefühl? Wenn wir den Begriff wörtlich nehmen, heißt es, dass jemand gut mit den Fingern fühlen kann. Kannst du das auch, oder geht es vielleicht mit den Füßen besser? Zehenspitzengefühl ist ja auch eine tolle Sache! Teste das doch mal mit einem Freund oder einer Freundin!

Dazu kannst du diesen Versuch machen

1. Verbinde deinem Freund oder deiner Freundin mit einem Halstuch die Augen.

2. Hole dann die unterschiedlichen Dinge, die du dir vorher ausgesucht hast, und lege sie bereit. Sage deinem Freund oder deiner Freundin, er oder sie soll Schuhe und Socken ausziehen. Das ist mit verbundenen Augen etwas schwieriger.

3. Nimm nun den ersten Gegenstand und lege ihn deiner Testperson vor die Füße. Lasse deinen Freund oder deine Freundin nun mit den Füßen den Gegenstand erfühlen. Kann deine Versuchsperson erraten, um was es sich handelt? Nein? Versucht es mit dem nächsten Gegenstand!

4. Zum Vergleich gib dann deiner Versuchsperson die Gegenstände in die Hände.

Was ist passiert?

Die Hände werden jeden Tag benutzt, um Dinge zu erfühlen, zu bewegen oder sogar zu reparieren. Die Fingerspitzen sind nämlich mit besonders empfindlichen Nerven ausgestattet. Außerdem ist der Tastsinn in deinen Händen besser ausgebildet als der deiner Füße. Denn deine Füße stecken ja den ganzen Tag in Socken und Schuhen und sind deshalb nicht so geübt.

Das brauchst du

Filzwolle

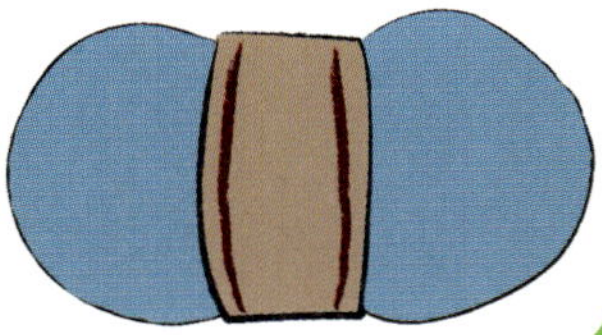

1 Schüssel

Wasser

Geraspelte Kern- oder Olivenseife

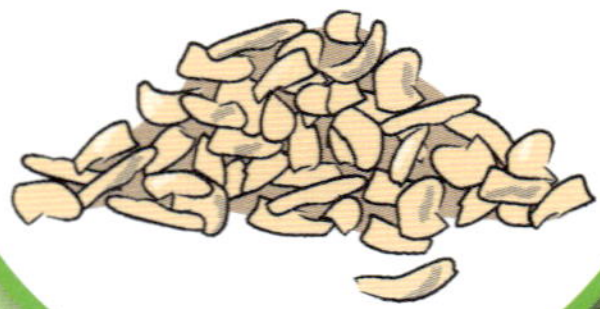

Filzkugel

Hast du dich schon einmal über einen eingelaufenen Wollpullover geärgert? Das passiert, wenn man Wolle in der Waschmaschine bei zu hoher Temperatur wäscht. Was dabei in der Maschine vor sich geht, kannst du mit diesem kleinen Versuch nachvollziehen: Rolle dir eine Filzkugel.

Dazu kannst du diesen Versuch machen

1. Löse für die Seifenlauge zwei Esslöffel der geraspelten Seife in einem Liter warmem Wasser auf.
2. Zupfe zwei Wollflocken von etwa fünf Zentimeter Länge vom Strang.
3. Lege die beiden Stränge quer übereinander und forme sie locker in deinen Händen zu einer Kugel.

4. Tauche die Wolle in das Seifenwasser.
5. Drücke die Wolle aus und wickle einen weiteren Wollstrang um die Kugel.
6. Tauche alles ins Seifenwasser.
7. Rolle nun die Wollkugel zwischen deinen Händen.
8. Wenn die Filzkugel fest geworden ist, wasche sie gut mit klarem Wasser aus und lasse sie trocknen.
9. Es kann ein wenig dauern, doch nach einiger Zeit erhältst du einen richtigen Filzball.

Was ist passiert?

Die Wollfäden scheinen glatt zu sein. Tatsächlich besitzen die einzelnen Wollfasern aber eine schuppige Oberfläche. Die Schuppen liegen flach an. Befeuchtest du die Wolle und behandelst sie mit Seife, spreizen sich die Schuppen ab und verhaken sich mit den anderen. Durch das Rollen wird aus den Wollfasern schließlich eine kompakte Filzkugel.

Sandschrift

Das brauchst du

Viele recht-eckige Bierdeckel

Flüssigkleber

1 Plastikbecher

Feinen Sand

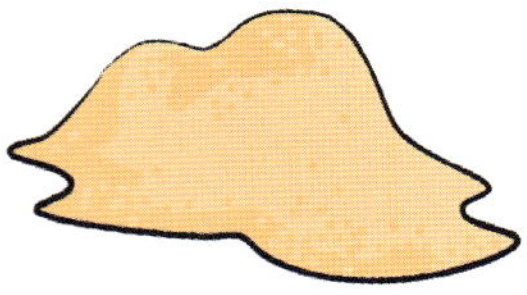

1 Schal

Lesen mit den Augen kann jeder. Aber mit den Händen? Wie fühlt sich ein A an, wie ein B und wie ein Z? Mit selbst gebastelten Buchstabenkarten könnt ihr tolle Wortratespiele zu zweit oder zu mehreren machen.

Dazu kannst du diesen Versuch machen

1. So stellst du die Buchstabenkarten her: Fülle einen Becher mit dem feinen Sand.
2. Schreibe mit dem Flüssigkleber einen beliebigen Buchstaben auf einen Bierdeckel.
3. Streue mit einem Becher den feinen Sand darüber und schüttle den losen Sand ab.

4. Warte, bis der Klebstoff getrocknet ist.
5. Wenn du genügend Buchstabenkarten hergestellt hast, kann es losgehen: Einem Spieler werden die Augen mit einem Schal verbunden.
6. Aus den Buchstabenkarten wird ein Wort gelegt.
7. Der Spieler mit den verbundenen Augen ertastet nun die einzelnen Buchstaben und errät das Wort.

Das geht am besten, wenn man zunächst mit der ganzen Handfläche den Bierdeckel berührt und dann mit den Fingerspitzen die Form des Buchstabens abfährt. Wenn ein Spieler richtig geraten hat, ist der nächste an der Reihe.

Was ist passiert?

Beim Lesen mit den Augen erkennt das Gehirn die einzelnen Buchstaben, indem es sie mit den abgespeicherten Formen vergleicht. Beim Buchstabenfühlen werden die Buchstaben über einen anderen Weg wahrgenommen, nämlich mit den Fingern. Das Gehirn macht sich dann eine bildliche Vorstellung von dem ertasteten Umriss und vergleicht ihn mit den abgespeicherten Informationen.

Gläserne Töne

Hörst du gerne Musik? Vielleicht kannst du sogar ein Instrument spielen? Aber hast du schon einmal Musik auf Gläsern gemacht? Weingläser kannst du prima dazu benutzen, deine eigene Tonleiter zum Klingen zu bringen! Die Tonleiter hat acht Töne: C, D, E, F, G, A, H und C. Für jeden Ton nimmst du ein Glas.

Das brauchst du

8 Weingläser

Wasser

Dazu kannst du diesen Versuch machen

1. Bitte deine Eltern, dir für dieses Experiment alte Weingläser zur Verfügung zu stellen. Fülle nun eines der Weingläser halb mit Wasser. Die anderen sieben Weingläser befüllst du ebenfalls in unterschiedlichen Höhen – ein paar mit mehr, ein paar mit weniger Wasser.

2. Tauche deinen Zeigefinger in ein Weinglas und befeuchte die Fingerspitze mit dem Wasser.

3. Halte das Glas nun ganz unten fest. Berühre anschließend mit dem Finger den Rand des Weinglases und beginne, langsam auf dem Rand entlangzufahren. Na, schon was zu hören? Probiere es anschließend auch mit den anderen Gläsern. Kannst du den Unterschied feststellen?

Was ist passiert?

Der Ton entsteht dadurch, dass du mit deinem Finger über den Glasrand fährst. In dem Glasrand sind ganz kleine Unebenheiten und wenn du die mit dem Finger beim Kreisen berührst, wird das Glas zum Schwingen angeregt und es entsteht ein Ton. Die Höhe des Tones, also sein Klang, hängt von der Wassermenge im Glas ab.

Das brauchst du

1 Gabel

1 Esslöffel

Tonleiter

Kannst du dir vorstellen, statt mit deinen Ohren mit deinen Zähnen zu hören? Wenn dir dann jemand vorwirft, du könntest ja schon wieder einmal nicht hören, dann kannst du ganz lieb antworten: „Ach, das liegt an meinen Zähnen." Du glaubst das nicht? Dann probiere es aus!

Dazu kannst du diesen Versuch machen

1. Schlage mit dem Löffel an die Zinken der Gabel.
2. Nimm nun den Griff der Gabel ganz vorsichtig zwischen deine Zähne und beiße leicht zu. Hörst du schon etwas?

3. Du kannst einen Ton hören, den du nicht hören konntest, als die Gabel noch nicht in deinem Mund und zwischen deinen Zähnen steckte. Wenn du nun deinen Biss lockerst, wird der Ton sofort wieder unhörbar.

Was ist passiert?

Natürlich sind deinen Zähnen über Nacht keine Ohren gewachsen! Wir hören, weil Geräusche Schwingungen auslösen. Diese Schwingungen fängt das Trommelfell auf und leitet sie an das Innenohr weiter. Deine Zähne können die Schwingungen ebenfalls auffangen. Die Knochen in deinem Kopf leiten die Töne dann weiter.

Flaschenklänge

Das brauchst du

Falls du den Versuch mit der Glasmusik schon gemacht hast, kannst du hier deine Wasserorgel noch ein Stück weiter ausbauen. Du kannst sie um einige etwas anders klingende Töne erweitern. Vielleicht hast du aber auch Lust, mit Freunden eine Wasserband zu gründen?

Dazu kannst du diesen Versuch machen

1. Fülle die Flaschen in unterschiedlichen Höhen mit Wasser.
2. Stelle die Flaschen auf den Tisch und blase über die Öffnung der Flasche hinweg. Aber nicht in die Flasche hineinblasen, sonst klappt es nicht. Es macht dann höchstens Pfff, aber dein Experiment soll ja schließlich gelingen. Also, schön über den Rand pusten! Wenn es nicht sofort gelingt, nicht verzagen.

3. Jede Flasche macht einen anderen Ton! Und durch die verschiedenen Füllhöhen erzeugst du unterschiedlich hohe und tiefe Töne. Wenn du nun mehrere Flaschen nebeneinander stellst und in jede ein bisschen mehr Wasser füllst, kannst du eine ganze Tonleiter erzeugen.

Was ist passiert?

Durch das Blasen über die Flaschenöffnung erzeugst du Luftwirbel. Das sind ungleichmäßige Bewegungen in der Luft. Die Luft im Flaschenhals bewegt sich dadurch schnell hoch und runter. Das nennt man Schwingung und durch die entstehen Töne. Ist mehr Wasser in der Flasche, dann ist die Schwingung schneller und der Ton höher. Ist weniger Wasser in der Flasche, dann ist die Schwingung langsamer und der Ton tiefer.

Das brauchst du

1 Schal

1 Stuhl

Gehörtest

Bestimmt hast du schon einmal das Martinshorn eines Krankenwagens oder eines Feuerwehrfahrzeugs gehört. Doch wusstest du immer, aus welcher Richtung das Fahrzeug kam? Das ist nämlich nicht ganz leicht. Teste mit folgendem Experiment, wie gut du einschätzen kannst, aus welcher Richtung ein Geräusch kommt.

Dazu kannst du diesen Versuch machen

1. Verbinde dir mit dem Schal die Augen, sodass du nichts mehr siehst.
2. Setze dich dann auf einen Stuhl in die Mitte des Raumes.
3. Deine Freundin oder dein Freund stellt sich vor, neben oder hinter dich und schnippt mit den Fingern.

4. Versuche nun zu erraten, aus welcher Richtung der Ton kam. Hebe dazu die Hand und zeige in die betreffende Richtung.
5. Solltest du nicht richtig geraten haben, schnippt deine Freundin oder dein Freund noch einmal an derselben Stelle. Andernfalls stellt er oder sie sich an einen anderen Ort und schnippt wieder. Anschließend wechselt ihr die Plätze.
6. Probiert auch unterschiedliche Entfernungen aus und schnippt mal nahe am Ohr und mal aus einer weit entfernten Zimmerecke.

Was ist passiert?

Unsere Ohren sitzen links und rechts am Kopf. Töne, also Schallwellen, bewegen sich mit einer bestimmten Geschwindigkeit durch die Luft. Durch den minimalen zeitlichen Unterschied, mit dem ein Ton zuerst das eine und dann das andere Ohr erreicht, können wir die Richtung bestimmen, aus der der Ton kommt. Kommt das Schnippen zum Beispiel von rechts, dann erreicht der Ton zuerst das rechte Ohr und kurz darauf das linke. Das Gehirn errechnet aus diesem Zeitabstand die Richtung des Tons.

Das brauchst du

2 saubere, leere Blechdosen ohne Deckel

1 Dosenlocher

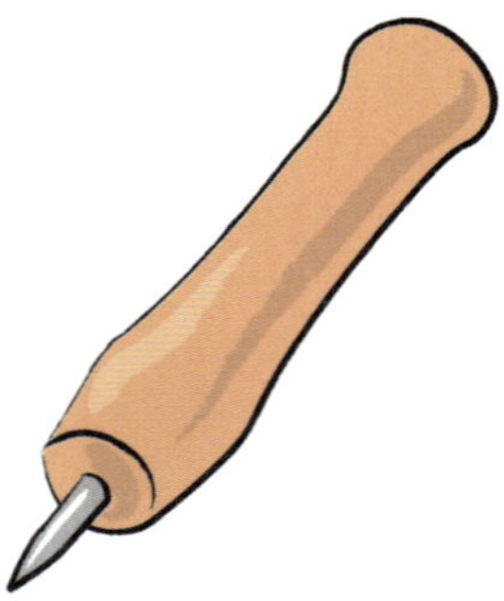

10 Meter dünne Schnur (Packband)

Dosentelefon

Telefonierst du auch so gerne? Wenn deine Schwester mal wieder euer Telefon blockiert, kannst du dir ganz leicht ein eigenes bauen. Diesen Versuch machst du am besten mit einem Freund oder einer Freundin. Anschließend könnt ihr dann mit dem selbstgebauten Telefon miteinander reden. Das Tollste an der Sache ist, für eure Telefongespräche bekommt ihr ganz sicher keine Rechnung geschickt!

Dazu kannst du diesen Versuch machen

1. Nimm eine der leeren Dosen und stich mit dem Dosenlocher in die Mitte des Dosenbodens ein Loch.
2. Wiederhole das bei der zweiten Dose.
3. Durch die Löcher im Boden der Dosen steckst du jetzt jeweils ein Ende deiner Schnur. Mache innerhalb der Dose einen schönen dicken Knoten in die Schnur, der nicht mehr durch das Loch hindurchrutschen kann.

4. Nun kannst du deinem Freund oder deiner Freundin eine Dose in die Hand geben. Die andere Dose nimmst du selbst. Geht so weit auseinander, bis die Schnur zwischen den Dosen straff gespannt ist. Einer von euch hält nun die Dose ans Ohr und der andere spricht in seine Dose hinein. Nachricht angekommen?

Was ist passiert?

Der Boden der Dose, in die du sprichst, wird durch die Schallwellen deiner Stimme in ganz leichte Schwingung versetzt. Über die gespannte Schnur setzt sich diese Schwingung bis zum Boden der anderen Dose fort. Dort angekommen, werden die Schwingungen wieder in „Sprache" zurückverwandelt und du kannst sie in der Dose hören.

Das brauchst du

Mehrere Luftballons

1 Stecknadel

1 Stoppuhr

1 Maßband

Stift und Papier

1 Taschenrechner

Schallgeschwindigkeit

Wenn ein Gewitter aufzieht, siehst du häufig zuerst den Blitz und erst kurze Zeit später erreicht dich der Donnerschlag. Der Grund für diesen Zeitversatz ist die unterschiedliche Geschwindigkeit von Licht und Schall. Licht ist so schnell, dass man seine Geschwindigkeit nur mit speziellen Geräten herausfinden kann. Doch die Schallgeschwindigkeit kannst auch du messen.

Dazu kannst du diesen Versuch machen

Für diesen Versuch benötigt ihr viel Platz. Am besten geht ihr auf eine große Wiese oder ein freies Feld.

1. Messt mit dem Maßband eine Strecke von 300 Metern ab und stellt euch in dieser Entfernung gegenüber auf.

2. Puste nun einen Luftballon auf.
3. Stich mit der Nadel in den Ballon. Dadurch erzeugst du einen Knall.

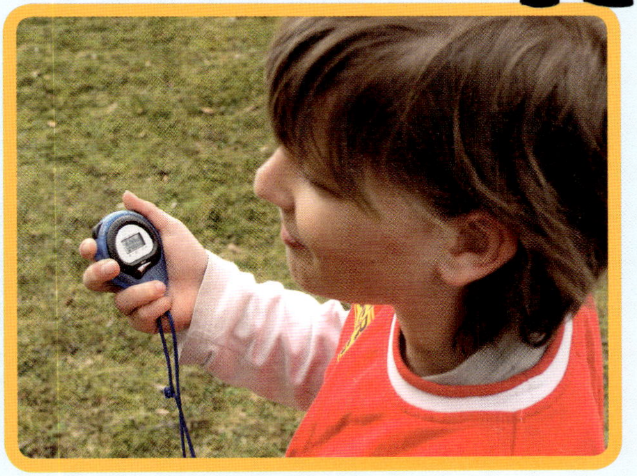

4. Die Person am anderen Ende der Strecke hat die Stoppuhr und misst damit die Zeit, die es dauert, bis sie den Ton hört. Also von dem Zeitpunkt, an dem sie den Ballon platzen sieht, bis zu dem Zeitpunkt, an dem sie den Knall hört.
5. Wiederholt den Versuch einige Male. Notiert die Anzahl der Versuche. Stellt die Stoppuhr nach jedem Knall nicht zurück, sondern zählt die Zeiten zusammen. Je häufiger ihr den Versuch wiederholt, umso genauer wird hinterher das Ergebnis.
6. Berechnet nun die Schallgeschwindigkeit: Teilt dazu die Gesamtzeit in Sekunden durch die Anzahl der Versuche (X Sekunden : Y Versuche = Z). Dadurch erhaltet ihr den Mittelwert (Z) für die Zeit, die der Schall benötigt hat. Nun müsst ihr noch die Strecke zwischen euch (300 Meter) durch den Mittelwert der gemessenen Geschwindigkeiten teilen (300 Meter : Z). Das Ergebnis ist die Schallgeschwindigkeit in Metern pro Sekunde.

7 Euer Ergebnis müsste bei etwa 340 Metern pro Sekunde liegen. Eine gewisse Abweichung ergibt sich durch die Messungenauigkeit.

Was ist passiert?

Der Schall ist im Vergleich zum Licht äußerst langsam. Deshalb siehst du zuerst das Zerplatzen des Ballons und hörst den Knall etwas später. Um nun die Entfernung eines Gewitters zu berechnen, musst du lediglich die Sekunden zwischen dem Blitz und dem Donner zählen. Kommst du beispielsweise auf fünf Sekunden, so musst du fünf mal 340 Meter rechnen. Dann erhältst du 1700 Meter. Das Gewitter ist also etwa 1,7 Kilometer entfernt.

Die Zeit, die ihr mit der Stoppuhr messt, liegt bei etwa einer Sekunde. Fehler ergeben sich aus eurer persönlichen Reaktionsgeschwindigkeit beim Drücken der Stoppuhr. Menschen reagieren hier unterschiedlich schnell.

Joghurtherstellung

In den Kühlregalen der Läden kannst du immer jede Menge bunte Joghurtbecher sehen. Einige sind groß, andere sehr klein, dann gibt es da welche mit Obst oder Schokolade. Die Auswahl fällt nicht leicht, aber für unseren Versuch legst du diesmal einen einfachen Becher Naturjoghurt in den Wagen. Mit dem kannst du dir mit ein wenig Fantasie die tollsten Joghurtkreationen selbst schaffen!

Das brauchst du

1 Tasse Milch

1 Teelöffel Naturjoghurt

1 Topf

1 Herd

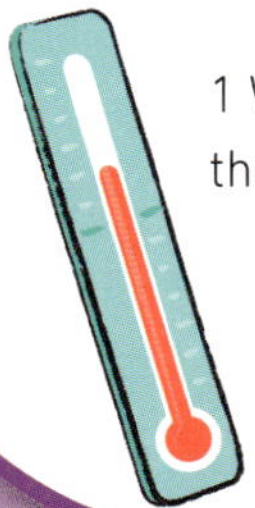

1 Wasserthermometer

1 sauberes Marmeladenglas mit Deckel

Dazu kannst du diesen Versuch machen

1. Nimm einen Topf und gieße ein Glas Milch hinein.

2. Bitte deine Mutter oder deinen Vater, dir die Milch im Topf kurz aufzukochen. Es ist besser, wenn dir dabei ein Erwachsener hilft, denn bei Milch geht das Kochen blitzschnell und du musst wirklich ununterbrochen in den Topf gucken. Milch kocht nicht so sprudelnd wie Wasser, sondern steigt im Topf höher und höher und läuft dann schäumend über den Topfrand auf den Herd. Das stinkt vielleicht! Also, gut aufpassen!

3. Nehmt die Milch von der Herdplatte, sobald sie hochzusteigen beginnt! Lasse die Milch dann im Topf abkühlen und miss die Temperatur. Wenn die Milch eine Temperatur von 50 Grad hat, füllst du sie in das Marmeladenglas um.

4 Dann nimmst du den Löffel Joghurt und verquirlst ihn kräftig in der warmen Milch. Den Deckel legst du lose auf das Marmeladenglas und stellst es dann an die Heizung oder vielleicht habt ihr einen Kamin? Nun musst du abwarten. So ungefähr acht oder neun Stunden. Fertig ist ein frisches Glas Joghurt!

Was ist passiert?

Du weißt bestimmt, dass es überall um uns herum Bakterien gibt. Darunter sind gute und schlechte Bakterien. In jedem Joghurt sind prima Bakterien enthalten. Du hast sie mit dem Löffel Joghurt in der warmen Milch verquirlt. Bei 50 Grad fühlen sich die Bakterien so richtig pudelwohl und vermehren sich. Sie essen den Zucker in der Milch auf und verwandeln ihn dabei in eine Säure, die Milchsäure. Und daraus wird dann Joghurt. Reiner Joghurt schmeckt daher immer ein bisschen säuerlich.

Das brauchst du

1 Glas

1 Löffel

Kakaopulver

Kalte Milch

1 Mikrowellen-herd

Milchstern

Wusstest du, dass das Kakaopulver aus den Kakaobohnen des Kakaobaumes gewonnen wird? Der wird heute hauptsächlich in Afrika angebaut. Die Elfenbeinküste erzeugt und exportiert weltweit am meisten davon. Kakao ist auch der Grundstoff für die Herstellung von Schokolade. Warmer Kakao schmeckt nicht nur gut, sondern zeigt dir auch, wie sich eine kalte Flüssigkeit in einer warmen verhält.

Dazu kannst du diesen Versuch machen

1. Fülle das Glas etwa zur Hälfte mit kalter Milch.
2. Erhitze die Milch in der Mikrowelle. Lasse dir hierbei von einem Erwachsenen helfen.
3. Gib etwas Kakaopulver in die Milch und rühre gut um.

4. Lasse den Kakao so lange stehen, bis die Oberfläche ganz glatt ist und sich nicht mehr bewegt.
5. Gieße nun einen Schuss kalte Milch in den heißen Kakao.
6. An der Kakaooberfläche bilden sich Schlieren, die sich annähernd sternförmig ausbreiten. Genieße den warmen Kakao nach deinen Beobachtungen.

Was ist passiert?

Durch die Vermischung von der kalten Milch mit dem heißen Kakao entsteht eine Strömung. Ursache dafür ist der große Temperaturunterschied zwischen dem Kakao und der Milch. Wenn sich die kalten Milchteilchen langsam im heißen Kakao verteilen, gleichen sich die Temperaturen allmählich an. Denn die Natur ist immer bestrebt, ein Gleichgewicht zu erreichen.

Schnee im Tee

Das brauchst du

- 2 Beutel schwarzen Tee

- Wasser

- 1 Wasserkocher

- 1 Zitronenhälfte

- 1 Zitronenpresse

- Milch

- 2 hohe Gläser

Trinkst du gern Tee? Wahrscheinlich trinkst du meistens Früchtetee, aber vielleicht hast du ja auch schon einmal schwarzen Tee gekostet. Besonders beliebt ist schwarzer Tee in England. Der Engländer trinkt seinen Tee gern mit Milch oder Zitrone. Nicht jedoch mit beidem. Und das hat auch seinen guten Grund. Kannst du dir vorstellen, welchen?

Dazu kannst du diesen Versuch machen

1. Erhitze etwa einen halben Liter Wasser im Wasserkocher.
2. Hänge je einen Teebeutel in die zwei Gläser und übergieße sie mit dem heißen Wasser. Lasse dir dabei von einem Erwachsenen helfen.
3. Lasse den Tee einige Minuten ziehen und entferne dann die Beutel.
4. Nimm die Zitronenhälfte und presse sie mit der Zitronenpresse aus.
5. Gib den Zitronensaft in eines der beiden Teegläser. Was passiert?
6. Gib nun auch noch einen Schuss kalte Milch in den Tee mit dem Zitronensaft.

7. Durch die Zugabe von Zitronensaft wird der schwarze Tee heller. Gibst du Milch in den nun sauren Tee, so flockt die Milch aus. Das heißt, sie gerinnt.
8. Schütte den Tee mit dem Zitronensaft und der Milch nach dem Versuch in den Ausguss. Das zweite Glas Tee kannst du entweder mit Zitrone oder mit Milch trinken.

Was ist passiert?

Die Zitronensäure im Zitronensaft zerstört das Casein, das ist das Eiweiß der Milch. Diesen Vorgang nennt man Denaturierung. Das Gleiche passiert, wenn du ein Ei kochst oder ein Spiegelei brätst. Die hohe Temperatur zerstört die Struktur des Eiweißes, wodurch es fest wird. Auch das in der Milch enthaltene Eiweiß verändert seine Struktur. Es wird fest und bildet die unappetitlichen Flöckchen im Tee.

Das brauchst du

1 Schokokuss

1 leeres Obst- oder Gemüseglas mit Deckel

1 Dosenlocher

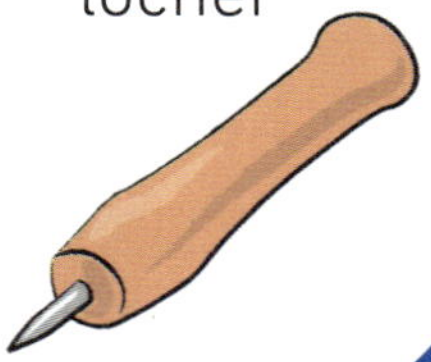

1 große Spritze (100 Milliliter)

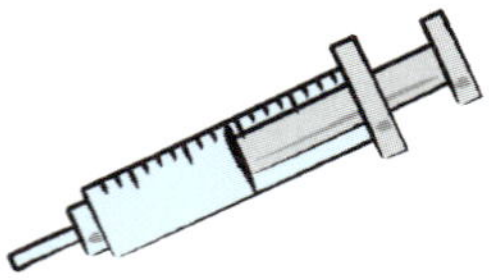

2 Meter eines dünnen Silikonschlauchs

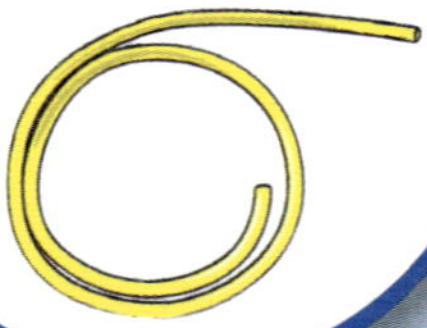

Flüssigen Klebstoff

Schokobombe

Der Schokokuss trägt viele Namen: Schokoladenkuss, Schaumzapfen, Schaumkuss oder Naschkuss. Mit so einem Schokokuss kann man viel Spaß haben. Er kann nämlich richtig groß werden!

Dazu kannst du diesen Versuch machen

1. Stich mit dem Dosenlocher ein Loch in den Deckel des leeren Glases und schiebe ein Ende des Silikonschlauchs hindurch, sodass er etwa zwei Zentimeter ins Glas hineinreicht.
2. Dichte das Loch mit flüssigem Klebstoff gut ab und warte, bis er getrocknet ist.
3. Stelle den Schokokuss in das Glas und verschließe es mit dem Deckel.

4. Stecke die Spritze auf das Ende des Schlauches und ziehe sie bis zum Anschlag auf.
5. Jetzt brauchst du einen Helfer, der den Schlauch umknickt, sodass keine Luft entweichen kann.
6. Nimm nun die Spritze aus dem Schlauch und drücke den Kolben wieder hinunter.
7. Stecke anschließend die Spritze wieder in den Schlauch. Nun beginnst du erneut, Luft abzuziehen. Das macht ihr mehrere Male hintereinander.
8. Der Schokokuss wird immer größer, bis er fast das ganze Glas ausfüllt. Der Schokoladenüberzug zerreißt dabei natürlich und der weiße Schaum kommt zum Vorschein.

Was ist passiert?

Mit der Spritze ziehst du die Luft aus dem Glas heraus. Dadurch entsteht ein Unterdruck und schließlich ein Vakuum, also ein (fast) luftleerer Raum. Die weiße Masse des Schokokusses ist Eischnee, der sehr viele Luftblasen enthält. Wenn du die Luft aus dem Glas abziehst, dehnt sich die verbleibende Luft, also die in den Luftporen des Schokokusses, aus. Dadurch wächst er.

Das brauchst du

8 leere Filmdosen

Klebeetiketten

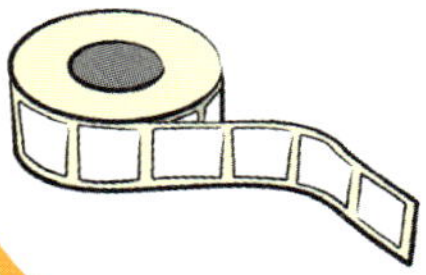

Zitronensaft

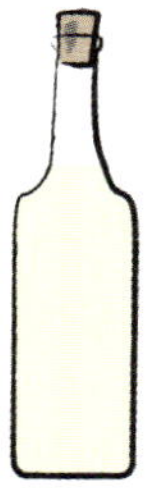

Essig

Früchtetee

Parfüm

1 großes Halstuch

Duftmemory

Die Hundenase ist eine der empfindlichsten Nasen, die bei Lebewesen vorkommt. Der Hund benötigt diesen guten Geruchssinn, um Gefahren zu wittern und Beute aufzuspüren. Wie gut ist wohl deine Nase im Vergleich zu einer Hundenase?

Dazu kannst du diesen Versuch machen

1. Befestige die Klebeetiketten auf den Böden der Filmdosen. Auf jeweils zwei Etiketten schreibst du dann Zitronensaft, Essig, Parfüm und Früchtetee.

2. Nun befüllst du die Dosen mit dem entsprechenden Versuchsmaterial, das du unten auf den Boden geschrieben hast.

3. Du hast dann zwei Dosen mit Zitronensaft, zwei Dosen mit Essig, zwei Dosen mit Früchtetee und zwei Dosen mit Parfüm.

4. Wenn du alle Dosen befüllt hast, schließe sie mit den Deckeln der Filmdosen. Bei den Parfumdosen musst du sehr schnell sein, denn das Parfüm verfliegt sonst.

5. Jetzt mischst du alle Dosen gut durch. Du weißt dann nicht mehr, welche Dose wo steht.

6 Jetzt kannst du dir mit dem Halstuch die Augen verbinden lassen. Aber nicht schummeln! Öffne nun alle Filmdöschen wieder und rieche nacheinander daran. Kannst du die richtigen Paare zuordnen? Gar nicht so einfach, oder?

Was ist passiert?

Die Nase hat in ihrem oberen Bereich etwa zehn bis 30 Millionen Riechzellen. Diese Riechzellen nehmen die unterschiedlichen Gerüche wahr und leiten sie von dort an das Gehirn weiter. Dort gibt es ein Geruchszentrum, in dem die Düfte verglichen werden. Übrigens ist unser Geruchssinn eng mit unserem Geschmackssinn verknüpft. Nur mit beiden zusammen können wir richtig schmecken.

7 Wenn du meinst, du hättest es geschafft, schließe alle Döschen, nimm das Halstuch von den Augen und schaue auf dem Boden der Dosen nach. Na, alles richtig?

Lavendelwasser

Wie wäre es mit einem selbst gemachten Duftwasser als Geschenk zum Muttertag oder zum Geburtstag deiner Schwester? Echtes Parfüm enthält Alkohol, destilliertes Wasser und Duftstoffe. Man gewinnt sie durch die recht aufwendige Wasserdampfdestillation. Doch ein Duftwasser kannst du mit einfachen Mitteln leicht selbst herstellen.

Das brauchst du

20 Gramm getrocknete Lavendelblüten

1 Teelöffel

1 Mörser

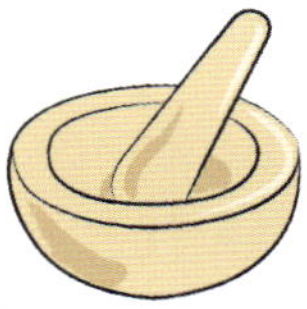

1 Messbecher

1 Glasschälchen

1 Kaffeefilter und Filterpapier

Wasser

1 hohes Glas

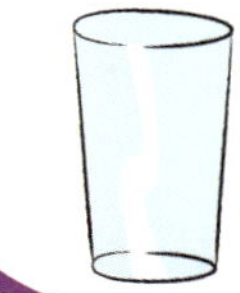

1 leeres braunes Fläschchen mit Schraubverschluss

1 kleinen Trichter

Dazu kannst du diesen Versuch machen

1. Gib drei Teelöffel der getrockneten Lavendelblüten in den Mörser und zerkleinere die Blüten. Dabei kannst du den intensiven Geruch von Lavendel bereits wahrnehmen.
2. Gib die zerkleinerten Lavendelblüten in ein Glasschälchen.
3. Miss 30 Milliliter Wasser mit dem Messbecher ab und gib es zu den zerkleinerten Lavendelblüten. Rühre mit dem Teelöffel gut um.

4 Setze einen Kaffeefilter mit Kaffeefilterpapier auf ein hohes Glas und filtriere nun das Lavendelblütenwasser.

5 Das dunkelviolette bis bräunliche Filtrat, das den Geruch der Lavendelblüten angenommen hat, füllst du über einen Trichter in das braune Fläschchen.

6 Verschließe das Fläschchen. Wenn du magst, kannst du auch noch ein Klebeetikett beschriften und es auf das Fläschchen kleben.

Was ist passiert?

Der Lavendelduftstoff ist gut wasserlöslich. Deshalb kann man ihn prima mit dem Wasser verbinden. Auf die Haut aufgetragen, verdunstet das Lavendelwasser recht schnell. Da sich pflanzliche Duftstoffe, wie Lavendel, in Alkohol noch besser lösen können, verwendet man bei der Herstellung von Parfüms meist Alkohol. Er verdunstet noch schneller als Wasser und verfügt zudem über eine antibakterielle Wirkung. Dadurch behält das Parfüm seinen guten Duft über einen längeren Zeitraum.

Absorbieren: Etwas zu absorbieren, bedeutet, es aufzusaugen, es in sich aufzunehmen. Zum Beispiel wird Sonnenlicht von schwarzen Dingen absorbiert, also „verschluckt", und in Wärme umgewandelt, während weiße Dinge Licht reflektieren, also zurückstrahlen. Dir ist bestimmt schon einmal aufgefallen, dass schwarze Dinge in der Sonne ganz heiß werden und weiße nicht. Dafür strahlen weiße Dinge ganz hell, wenn Licht auf sie trifft.

Denaturierung: Denaturierung bedeutet, dass die Form eines chemischen Stoffes durch äußere Einflüsse, etwa Hitze, zerstört wird. Beim Braten eines Spiegeleis zum Beispiel wird das flüssige Eiweiß in der heißen Pfanne fest. Es gerinnt. Auch bei Milch geschieht das manchmal, dann schwimmt sie in kleinen Flöckchen durch deinen heißen Tee.

Emulgator: Ein Emulgator ist ein Stoff, der dabei hilft, zwei eigentlich nicht mischbare Stoffe miteinander zu verbinden. Wasser und Öl zum Beispiel stoßen sich gegenseitig ab, gibt man aber einen Emulgator hinzu, vermischen sie sich. Sonst gäbe es beispielsweise keine Mayonnaise. So ein Gemisch nennt man dann **Emulsion**.

Fliehkraft: Die Fliehkraft kannst du dir als die Kraft vorstellen, die zwei Tänzer, die sich an den Händen halten und schnell drehen, nach außen drückt. Du kannst die Fliehkraft selbst spüren, wenn du Karussell fährst. Dabei wirst du auch nach außen gedrückt.

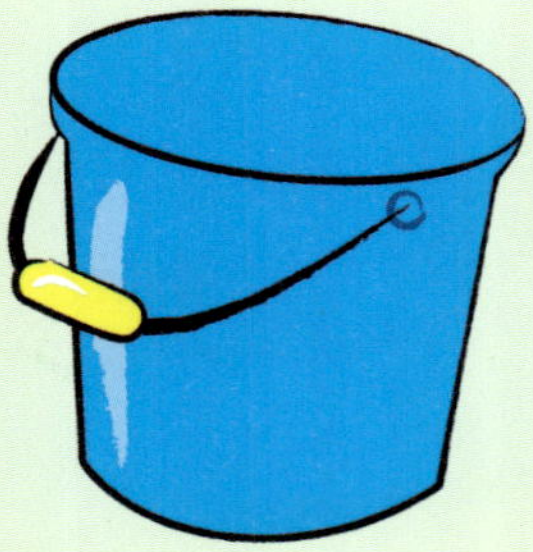

Fotosynthese: Pflanzen gewinnen ihre Nahrung aus dem Kohlendioxid der Luft und aus Wasser. Mithilfe des Sonnenlichts und des Blattgrüns (Chlorophyll) machen sie daraus Zucker. Nebenbei entsteht auch noch Sauerstoff, den sie an die Luft abgeben. Dieser Vorgang wird Fotosynthese genannt.

Kondensieren: Kondensieren ist das Gegenteil von Verdampfen. Gase werden also verflüssigt. Zum Beispiel wird der Wasserdampf, der beim Kochen aufsteigt, an der kalten Fensterscheibe in der Küche wieder zu Wasser, er kondensiert.

Lichtgeschwindigkeit: Als Lichtgeschwindigkeit bezeichnet man die Geschwindigkeit, mit der sich Licht ausbreitet. Licht bewegt sich mit einer Geschwindigkeit von etwa 300.000 Kilometern pro Sekunde.

Luftdruck: Unsere Luft besteht aus vielen kleinen, schwebenden Teilchen, die sich überall ausbreiten. Mit dem Luftdruck lässt sich beschreiben, wie viel Platz die Teilchen haben. Haben die Teilchen nur wenig Platz, wie in einem Fahrradreifen, müssen sie sich ganz eng aneinanderdrängen und der Luftdruck ist hoch. Haben die Luftteilchen dagegen viel Platz, ist der Luftdruck niedrig. Luftdruck ist immer da, auch wenn wir ihn nicht bemerken.

Nährstoffe: Nährstoffe sind Energie liefernde Stoffe, die in unserer Nahrung enthalten sind: Eiweiße, Fette und Kohlehydrate. Sie beliefern uns mit Energie, die wir benötigen, damit unsere Körperfunktionen, wie Atmen, Herzschlag, Verdauung und so weiter, fortwährend funktionieren.

Oberflächenspannung: Wasser besteht aus unzähligen winzigen Teilchen, die sich alle ganz fest gegenseitig anziehen und sich nur ungern trennen. Jedes einzelne Teilchen wird gleichzeitig von seinen rechten, linken, oberen und unteren Nachbarn angezogen. Da die oberste Schicht Wasserteilchen aber keine oberen Nachbarn hat, werden sie von den unteren Nachbarn nach innen gezogen. Dadurch wirkt die Wasseroberfläche wie eine „Haut".

(Roll)reibung: Immer wenn zwei Gegenstände sich berühren, entsteht Reibung. Wenn ein Gegenstand auf einem anderen rollt, dann entsteht Rollreibung. Sie ist viel kleiner als andere Reibungsarten.

Schall(geschwindigkeit): Schall entsteht immer dann, wenn Luft in Bewegung versetzt wird, zum Beispiel beim Schlagen einer Trommel. Die **Schallwellen**, das sind kleine Luftschwingungen, treffen unser Trommelfell und wir hören einen Ton. Die Schallgeschwindigkeit, also wie schnell sich diese Wellen bewegen, ist von der Lufttemperatur abhängig. Bei 20 Grad Celsius bewegt sich der Schall mit etwa 1230 Kilometern pro Stunde fort.

Schwerelosigkeit: Schwerelosigkeit ist ein Zustand ohne Schwerkraft (→ **Schwerkraft**). Eigentlich ist das gar nicht möglich, da die Schwerkraft (auch Gravitation genannt) überall und unendlich weit wirkt. Aber beispielsweise in einer Raumstation kann diese Anziehungskraft durch die auf der Kreisbahn wirkende Fliehkraft aufgehoben werden. Deswegen schweben die Astronauten sozusagen im Raum herum.

Schwerkraft: Alles, was Masse hat, also aus Materie besteht, zieht andere Dinge an. Die Erde zum Beispiel hat eine sehr große Masse und daher eine riesige Anziehungskraft. Sie zieht alles, was sich auf ihr befindet, zu sich hin. Deshalb können wir auch nicht höher als ein bis zwei Meter in die Luft springen und purzeln zum Glück auch nicht von der Erde ins Weltall.

Schwingung: Als Schwingung bezeichnet man unter anderem Schall, also die Töne. Treffen die Schallwellen auf unser Trommelfell, beginnt dieses zu schwingen. Diese Schwingung kannst du dir wie eine Pendelbewegung vorstellen. Je lauter ein Geräusch ist, desto größer sind die Schwingungen der Welle, je leiser der Ton, desto kleiner sind sie. Und hohe und tiefe Töne unterscheiden sich durch die Schnelligkeit der Schwingungen einer Welle. Je höher ein Ton ist, desto mehr Schwingungen hat er pro Sekunde.

Solar(energie): Energie benötigen wir in allen Lebensbereichen: Strom, Wärme, alle Arten von Antrieben basieren auf Energie. Auch wir Menschen benötigen sie für alles, zum Atmen, Essen und für Sport. Und weil wir so viel davon verbrauchen, müssen wir auch immer neue erzeugen. Eine moderne Art, Energie zu erzeugen, ist, die Strahlung der Sonne zu nutzen. Daraus können Wärme und Strom gewonnen werden.

Spektralfarben: Spektralfarben sind die einzelnen Farben, aus denen weißes Licht zusammengesetzt ist. Jede einzelne Farbe hat eine andere Wellenlänge, die sich alle unterschiedlich brechen und deswegen einzeln sichtbar gemacht werden können. Das bekannteste Beispiel für dieses Phänomen ist ein Regenbogen. Das weiße Sonnenlicht bricht sich in den Regentropfen, dabei spaltet sich der Lichtstrahl in seine einzelnen Farbbestandteile auf. So entsteht eine Abfolge von violett, blau, grün, gelb, orange und rot.

Strahlensatz: Die Geometrie kennt schon seit langem drei verschiedene Strahlensätze, mit deren Hilfe man unbekannte Streckenlängen mathematisch ermitteln kann. Die Berechnungen basieren auf parallelen Linien. Für die Ermittlung einer Baumhöhe benutzt man übrigens den 2. Strahlensatz.

Taucherglocke: Eine Taucherglocke ist ein mit Luft gefüllter, unten offener Behälter. Da er sehr schwer ist, sinkt er trotz der Luft darin im Wasser nach unten. Im Behälter bleibt eine Luftblase. Der Taucher kann sich also in der Glocke unter Wasser aufhalten und mit dem Kopf in der Luftblase atmen.

Thermorezeptoren: Thermorezeptoren sind Sinneszellen in der Haut, die Wärme und Kälte wahrnehmen.

Vakuum: Einen ganz leeren Raum, in dem sich fast keine Luft befindet und daher fast kein Luftdruck herrscht, nennt man Vakuum.

Verdunsten: Verdunsten ist ein anderes Wort für langsames Verdampfen unterhalb des Siedepunktes. Im Sommer kannst du zum Beispiel beobachten, wie die Sonne langsam eine Pfütze wegtrocknet.

Wasserdampfdestillation: Mit der Wasserdampfdestillation kann man Parfüm herstellen. Und das funktioniert so: Zuerst wird das Wasser so stark erhitzt, dass es verdampft und durch ein Röhrchen zu den duftenden Blütenblättern aufsteigt, die sich in einem Gefäß über dem Wasserbehälter befinden. Der Wasserdampf durchdringt die duftenden Blüten und entzieht ihnen dabei die ätherischen Öle, das sind die Duftstoffe. Anschließend steigt der Wasserdampf zum Abkühlen durch ein weiteres Röhrchen, dabei wird er wieder zu Wasser und tropft in ein letztes Gefäß. Das duftende Blütenöl schwimmt dann oben auf dem destillierten Wasser.

Zugkraft: Zugkraft ist zum Beispiel die Kraft, die du benötigst, um deinen Schlitten durch den Schnee zu ziehen.